A CELEBRA BOOK

AMOR
VERDADERO

JENNIFER
LOPEZ

FOTOGRAFÍAS DE ANA CARBALLOSA

CELEBRA
Publicado por New American Library,
an imprint of Penguin Random House LLC
375 Hudson Street, New York, New York 10014

Publicado por New American Library.
Publicado anteriorment por Celebra en una edicíon de tapa dura.

Primera impresíon (español) trade paperback edición, noviembre 2015

CELEBRA EDICÍON EN ESPAÑOL RÚSTICA ISBN: 978-0-451-46871-0
LA BIBLIOTECA DEL CONGRESO HA CATALOGADO LA EDICIÓN EN INGLÉS:
Lopez, Jennifer, 1970–
Dance again/by Jennifer Lopez.
p. cm.
ISBN 978-0-451-46868-0
1. Lopez, Jennifer, 1970– 2. Motion picture actors and actresses—United States—Biography.
3. Singers—United States—Biography. I. Title.
  PN2287.L634A3 2013
  791.4302'8092—dc23   2013027047
  [B]
Impreso en los Estados Unidos de América
10 9 8 7 6 5 4 3 2 1

Tipografía: Bembo Std
Diseñado por Pauline Neuwirth

NOTA DEL EDITOR
Penguin está comprometida con la publicación de obras de calidad e integridad. En ese sentido, nos
complace ofrecer este libro a nuestros lectores; no obstante, la historia, las experiencias y las palabras
son exclusivamente del autor

Penguin
Random
House

Ser dueños de nuestra historia puede ser difícil pero no tanto como pasar nuestras vidas huyendo de ella. Aceptar nuestras vulnerabilidades es riesgoso pero no tan peligroso como renunciar al amor, al sentido de la pertenencia y a la felicidad, las experiencias que nos hacen más vulnerables. Sólo cuando somos lo suficientemente valientes para explorar la oscuridad, descubriremos el poder infinito de nuestra luz.

—Brené Brown, *The Gifts of Imperfection*

Este libro está dedicado a Max y a Emme,
quienes me salvaron.

CONTENIDO

PREFACIO

ES LA NOCHE inaugural de mi primera gira mundial.

Era la primera vez que íbamos a hacer el show completo que habíamos planeado y trabajado por más de seis meses. Estoy en traje completo en los camerinos, con el elenco habitual. Me agacho para darle un beso a Emme y a Max antes de que mi madre los lleve a un lado del escenario para ver el comienzo del show. Esta iba a ser la primera vez que verían a su mamá en el escenario frente a miles y miles de personas. La última vez que estuve así en un escenario, ellos estaban en mi barriga.

Mientras se alejan, Emme mira hacia atrás y se detiene. Me están poniendo en una plataforma de doce por doce pulgadas para subir al escenario. La enorme cola de plumas de mi vestido se derrama por encima de los bordes y ella me debe ver como si estuviera montada en una nube. Se ve nerviosa, pero emocionada. Yo estoy nerviosa, pero trato de controlar el miedo. Estoy a punto de ascender sesenta pies en el aire. Sé que es una locura, porque todo el equipo me está mirando con caras que dicen: *Esto es una locura*. Le levanto el pulgar al operador; él me devuelve el gesto... y sigo subiendo, desapareciendo entre las vigas del techo hasta que estoy detrás de una enorme pantalla de video, donde nadie puede verme.

Emme mira hacia arriba, viéndome subir, subir y subir... Desde donde estoy, todo el mundo se ve como pequeñas hormigas en el suelo. Respiro hondo y pienso en el año pasado, en todo el trabajo duro y en las lecciones difíciles que me han llevado hasta este momento.

Si me lo permito, podría sentir debilidad en las rodillas. Pero no lo hago. Me mantengo fuerte mientras la banda toca la espectacular introducción y el video aparece en la pantalla. Cuando la pantalla del video se divide, estoy parada allí, cien pies arriba del público, y la multitud se vuelve loca. Los reflectores me iluminan, y digo, en mi mejor voz de estrella de Hollywood: "HOLA, AMANTES".

En este libro me acompañarás en el viaje físico y emocional que fue el año en que hice la primera gira mundial de mi carrera. El año que cambió mi vida.

Cuando empecé a planear la gira, yo sabía que sería la oportunidad de hacer un show muy personal. Lo que no esperaba era la catarsis que me produciría. El proceso de organización de la gira y el hecho de cantar todas las noches para multitudes en todo el mundo me ayudó a volver a ser quien soy: una persona que canta, que baila, que expresa su esencia y se conecta con la gente a través de la música.

Tantas veces quise abandonar la escritura de este libro porque sabía que sería un proceso difícil en el que tendría que reexaminar el pasado y revivir algunos de mis momentos más difíciles. Además, no quería ser malinterpretada. No quería que nada opacara la magnificencia y la magnitud de este gran viaje. Este libro no es un recuento detallado de ninguna de mis relaciones, famosas o no. No es un libro en el que "lo cuento todo", entonces espero que eso no sea lo que estabas esperando. Pero al final, estoy segura de que estarás de acuerdo conmigo, habrás recibido mucho más. Este libro es sobre una serie de patrones que

vienen desde mi infancia. Esta es la historia de *mi* camino y lo que *yo* he aprendido. Es la historia de un viaje transformativo en el que enfrenté algunos de mis más grandes retos, superé algunos de mis mayores miedos y emergí más fuerte que nunca. Esta es la historia de cómo descubrí... el amor más verdadero de todos.

Mi intención genuina y lo que espero lograr con este libro es que los demás puedan recurrir a las experiencias que cambiaron el curso de mi vida y encuentren aliento en el mantra que motivó las siguientes páginas:

Vivirás.

Amarás.

Bailarás de nuevo...

PREPARANDO EL
ESCENARIO

Me despierto en la cama, sola. El silencio de mi habitación me recuerda el vacío de mi corazón. Fracasé en el amor: otra vez. Sólo que ahora, no soy sólo yo. No puedo parar de pensar que decepcioné a mis hermosos hijos, Max y Emme. Realmente quería que las cosas hubieran sido distintas.

Por más sola que se siente esta cama, no me siento capaz de levantarme.

TOCANDO FONDO

TOCANDO FONDO

Recuerdo el momento exacto en que todo cambió. Yo estaba en el desierto en las afueras de Los Ángeles, preparándome para una sesión de fotos.

Era un hermoso día de julio de 2011, y Marc y yo acabábamos de celebrar el séptimo aniversario de nuestra boda. Alguien que me viera desde afuera, habría pensado que mi vida era maravillosa: tenía un marido y dos hijos hermosos, y mi carrera estaba en su punto más alto. Era jurado en *American Idol*, el programa número uno del planeta, y mi nuevo sencillo, "On the Floor", había sido número uno en todo el mundo. Como si fuera poco, la revista *People* me había nombrado la Mujer Más Hermosa del Mundo pocos meses antes. ¿Acaso mi vida podía ser mejor?

Lo que la gente no sabía era que en realidad, mi vida *no era* tan perfecta. Mi relación se estaba desmoronando y me sentía aterrorizada.

Y ahora estaba aquí en el desierto, siendo maquillada para una sesión de fotos para L'Oréal. Había hecho centenares de estas sesiones: te sientas en la silla, te arreglan el pelo y te maquillan, te pones frente a la cámara y haces lo tuyo. Pero este día no se sentía como cualquier otro día.

Mi mente bullía mientras estaba allí sentada. El corazón se me quería salir del pecho y sentía que no podía respirar... Súbitamente me sentí consumida por el miedo y la ansiedad. ¿Qué me estaba pasando?

Mi mamá, que vive en Nueva York y que estaba esa semana en California, fue conmigo al desierto ese día, y mi querido mánager, Benny Medina, también estaba allí. Como me encontraba en estado de pánico, salté de la silla y dije:

Al final, aunque no lo quieras, la verdad encuentra la forma de aflorar.

—¡Benny, me está pasando algo! Siento que me estoy volviendo loca.

Benny, que ha vivido muchas cosas conmigo durante los quince años que hemos trabajado juntos y hemos sido amigos, me tomó de las manos.

—Oye, ¿qué está pasando? ¿Qué sucede? —me preguntó.

Mi madre también corrió a mi lado, con un aire de preocupación en su rostro.

Todo lo que pude decir fue:

—No sé. No me siento bien. Tengo miedo. Siento como si estuviera perdiendo la razón.

Benny trató de calmarme y me dijo:

—Estás bien, Jennifer, estás bien. Todo está bien.

Desde el punto de vista de él, yo me veía perfectamente tranquila. Pero en verdad no lo estaba. Era uno de esos momentos en los que estás tan asustada que ni siquiera puedes gritar. Me sentía como si estuviera paralizada.

Nosotros, como seres humanos, tenemos tendencia a ocultar nuestros sentimientos hasta que encuentran una manera de manifestarse. Tratamos de evitarlos hasta que no hay más espacio y aparecen burbujeando como una olla de agua hirviendo que se desborda. Y entonces, te queman y te asustan. Eso era lo que me estaba pasando.

En medio de un torbellino de miedo y pánico, miré a Benny y a mi mamá y dije:

—No creo que pueda seguir con Marc —y me solté a llorar.

Por fin lo había dicho.

Lo que temía más que cualquier cosa en el mundo. Lo que había tratado de no afrontar durante mucho tiempo. En el fondo, yo sabía que nada volvería a ser como antes.

Me dejé caer en sus brazos y comencé a sollozar. Y al igual que la olla de agua hirviendo, una vez se desborda, la presión se libera y comienza a enfriarse. Todos esos pensamientos descabellados comenzaron a desaparecer, porque al fin había expresado el verdadero motivo de mi miedo y mi pánico. Yo sabía lo que significaba decir esas palabras en voz alta: el fin de mi matrimonio. El fin de nuestra familia. El fin del sueño por el que tanto había luchado.

Y significaba más que eso. Significaba que iba a ser juzgada una vez más. Iba a ser ridiculizada, condenada y se burlarían de mí. Ya podía ver los titulares: "Jennifer Lopez se divorcia... ¡otra vez!", o "La mujer que lo tiene todo, ¡menos el amor!". Tenía tanto miedo de fracasar de nuevo, de ser observada por el mundo y de decepcionar a todos. De nuevo.

Pero esta vez no era como cualquier otra. Era peor. Este divorcio no sólo nos afectaría a Marc y a mí. También afectaría a las dos bellas almitas que habíamos traído al mundo. La sola idea de hacerles daño a Max y Emme me tenía devastada. Tenía miedo de estar a punto de arruinar sus vidas, de que algún día se llenaran de resentimiento conmigo por no haber podido conservar mi matrimonio.

Mientras me resistía a la idea de desintegrar mi familia, tuve que pensar en lo que sería lo mejor para mis hijos en el largo plazo, y me desesperaba al pensar en qué sería lo mejor para sus vidas. Sentía como si me estuvieran jalando desde dos lados opuestos, y es que esa era justamente la razón por la cual había tratado de no reconocer lo inevitable. No era capaz de admitir que este matrimonio había terminado. Pero al final, aunque no lo quieras, la verdad encuentra la manera de aflorar. Ese día en el desierto, con mi cerebro enloquecido tratando de negar la realidad, terminé tocando fondo.

LA ESPERANZA DE UN DÍA MEJOR

El día de Navidad de 2010 —siete meses antes de aquella sesión de fotos de L'Oréal— nuestra casa estaba llena de gente. Marc y Emme y Max

estaban allí, así como Ryan y Cristian, Arianna y Alex, los otros hijos de Marc, y también nuestros padres, hermanos, y amigos. Era el tipo de reunión navideña que siempre había querido: una velada larga y maravillosa con nuestra familia.

La casa estaba llena de comida, regalos y risas. Éramos veinticuatro personas y esa tarde tuvimos una hermosa cena de Navidad. Obviamente, las cosas entre Marc y yo no eran perfectas; nuestro matrimonio nunca fue propiamente pacífico. Desde el principio, fue tumultuoso,

apasionado y explosivo, pero también compartimos momentos muy llenadores y alegres. Teníamos problemas, claro, pero nos amábamos y lo estábamos intentando, y yo quería antes que nada tener una familia; *esta* familia. Así que estaba dispuesta a ignorar lo que no estuviera bien, por el mayor beneficio de preservarla.

Pensé que esa Navidad era exactamente lo que yo deseaba. Pensé que por fin lo estábamos logrando, que todo iba bien, que valía la pena soportar las dificultades, porque de eso se trataba la vida. Se trataba de mantener nuestro matrimonio, de tener esa unidad en la familia, y de hacer este sueño realidad, costara lo que costara. Una parte de ese concepto sigue siendo cierto para mí hoy en día: la familia es lo más importante.

Pero la siguiente Navidad, doce meses después, me desperté sola. Las únicas personas que estaban en casa eran Max, Emme, y mi prima Tiana, que había venido a acompañarme. Mi mamá y mis hermanas habían decidido pasar la Navidad en Nueva York, y me habían invitado a estar con ellas, pero no quise ir. Quería estar en mi casa, por más vacía que se sintiera.

Lloré mucho esa Navidad, pero trataba de hacerlo sólo cuando no pudieran verme los niños. Cualquier pérdida se siente más en épocas navideñas, y yo la estaba sintiendo mucho. Sin embargo, mi papá, David, vino a la cena de Nochebuena, y también Benny, acompañado por su mamá. Así que con Emme, Max, y todos los demás, nuestra mesa estaba bastante llena, aunque no tanto como el año anterior.

Lo que siempre recordaré de esa Navidad no es el llanto o la soledad, sino el brindis de Benny.

Benny Medina es una leyenda por derecho propio. Es la inspiración original para el "Fresh Prince of Bel-Air", un tipo más grande que la vida que siempre se las arregla para que todos los que están a su alrededor se sientan especiales. Benny también es famoso entre sus amigos por sus "brindis Benny". Le encanta aprovechar cualquier ocasión para levantar la copa y contar una historia, pronunciar un discurso o decir una frase. Trabaja en esto: a veces puedes verlo tomando notas en su teléfono justo antes de levantarse para hablar. Así que cuando Benny alza su copa, sabes que estás a punto de escuchar algo especial. Y lo que dijo en esa cena no fue la excepción.

"Cada cual hace sus elecciones en la vida, y estas personas que están aquí —dijo—, son la familia que te sacará adelante. Son tu roca".

—Han ocurrido muchos cambios en este último año —dijo—. Ha habido pérdidas, y también ganancias. Mira a tu alrededor y recuerda que esta familia, la familia que está sentada aquí contigo, siempre ha estado aquí. Y siempre estaremos aquí.

Miré alrededor de la mesa a todas las personas que amaba: mi papá, mis bebés, Tiana, mis primos, mi tía y Benny.

—Cada cual hace sus elecciones en la vida, y estas personas que están aquí —dijo—, son la familia que te sacará adelante. Son tu roca.

Al escucharlo hablar, empecé a ver que tenía gente a mi alrededor que me apoyaba y me amaba incondicionalmente, y que siempre había estado ahí. Las familias vienen en todas las formas y tamaños, y no tienen que ajustarse al sueño ideal y perfecto para hacerte feliz. Son las personas que te apoyan y te aman al darte fuerza cuando más la necesitas.

Miré alrededor de la mesa y comprendí que Benny tenía razón. Sentí el amor. Sentí a esa familia. Y supe que era bendecida.

Yo esperaba que él también tuviera razón en otra cosa. Benny dijo:

—Por dolorosos que hayan sido algunos de los cambios del año pasado, terminarán por llevarte a un lugar mejor. Las adversidades que tengas en la vida pueden causarte dolor, pero el dolor viene acompañado de crecimiento y de la oportunidad de estar a la altura, haciéndote más fuerte y mejor.

No había nada que yo necesitara más en ese momento que el ánimo y la esperanza de un día mejor.

El discurso de Benny me dio ese hermoso regalo.

UN NUEVO SUEÑO

Cuando yo estaba creciendo, en mi familia el divorcio no era una opción. Mis padres estuvieron casados por treinta y tres años, contra viento y marea y todo lo demás. Así que cuando me casé con Marc, después de haber pasado por la decepción de dos divorcios y un compromiso anulado, quería a toda costa que nuestro matrimonio fuera "perfecto". Estaba decidida a hacer que durara, sin importar lo demás. Y cuando tuvimos hijos, estuve aún más decidida. Nunca iba a renunciar a este amor.

Tried to be someone I knew that I
wasn't
I thought I could make myself
happy with you

—"NEVER GONNA GIVE UP"

Marc era mi hombre, el único. El padre de mis hijos, la persona con la que iba a envejecer. Yo creía en eso con todo mi corazón... hasta que comprendí en los meses previos a ese día en el desierto, que eso no sería posible. No estaba escuchando mi voz interior, y ahora mi cuerpo y mi alma me decían que físicamente ya no podía estar ahí. Ya no podía negar más la verdad. *Tenía* que hacer algo al respecto.

Cuando pienso en esto, me doy cuenta de que años antes, yo había llegado a un punto similar en mi carrera. Fue durante una época en la

que estaba logrando hacer cosas que casi no me había permitido soñar cuando era una niña. Discos platino, películas con Jack Nicholson, George Clooney o Sean Penn... Sentía como si estuviera haciendo las cosas a mi manera, pero en realidad, no era así.

Estaba siguiendo principalmente el consejo de mánagers, ejecutivos discográficos, y estilistas. Ellos tenían las mejores intenciones, pero como yo no me estaba escuchando a mí misma, terminé por darle una mayor importancia a lo que ellos querían y a la forma en que era percibida por el público y por los medios de comunicación, que a lo que yo sabía que era lo adecuado para mí como artista. En lugar de medir mi éxito y valor según mis propios estándares, me estaba midiendo por la forma en que los demás me percibían.

Como estaba tan acostumbrada a ser vista como la mujer en los tabloides y la diva de Hollywood, olvidé lo que era ser conocida por lo que era realmente. Es vital estar en contacto con lo que constituye tu esencia y no perderte en el bullicio. Siempre había querido creer que esa imagen pública de mí no afectaba mis sentimientos de autoestima, pero por desgracia, ese no fue siempre el caso. Si todo el tiempo estás oyendo cosas negativas sobre ti, comenzarán a filtrarse en tu consciencia y empezarás a sentir que son ciertas. Te impedirán saber quién eres realmente y podrías extraviarte.

Me estaban describiendo de una manera que no era yo, porque no estaba tomando el control de la situación. Estaba tan preocupada por cumplir con mis compromisos y por darle a la gente lo que quería que olvidé preguntarme qué quería yo. Dediqué una gran cantidad de energía para estar a la altura de esas expectativas y perdí mi propio sentido de la orientación en el camino.

Cuando empecé mi carrera, siempre tomaba mis decisiones por mí misma, y siempre supe qué era lo mejor para mí. No tenía a nadie que me dijera qué hacer o adónde ir. Seguí mi corazón y mis instintos, y escuché a mis entrañas. Porque la verdad es que nadie sabe qué es lo mejor para ti mejor que tú misma. Tienes que sentarte muy quieta y preguntarte: *¿Qué quiero? ¿Me siento bien con esto? ¿Qué debo hacer?* Comprendí que tenía que volver a hacer lo que había hecho siempre. Escuchar mis instintos era tan importante como escuchar los consejos de los demás y sólo yo sabía qué era lo mejor para mí.

Como artista, sólo
debes competir con una
persona: contigo mismo.

Es por eso que ahora, cada vez que alguien me pregunta: "¿Qué consejo le darías a un artista que está empezando y quiere hacer lo mismo que tú?". Mi respuesta es siempre: "Escúchate a ti mismo, escucha tus entrañas. Porque sólo tú sabes qué es lo adecuado para ti".

Eso es lo que significa ser un artista. Tu poder está en tu individualidad, en ser exactamente como eres. No hay dos artistas iguales, así como no hay dos personas iguales. Es por eso que no hay competencia en el arte. No se trata de ser el mejor o el más grande, el rey o la reina. Esta idea es completamente ridícula. Esa competencia o comparación en realidad es exactamente lo contrario de lo que significa ser un artista. Como artista, sólo debes competir con una persona: contigo mismo. No puedes preocuparte por lo que hagan o digan los demás. Tienes que mantener ese foco y permanecer fiel a lo que eres, para ser creativo y tomar las mejores decisiones.

Así que cuando llegué a un punto en que mi relación simplemente no estaba bien, supe lo que tenía que hacer. Si yo le bajaba el volumen al ruido del resto del mundo —críticos, fans, amigos e incluso mi familia— y me escuchaba realmente a mí misma, ¿qué escucharía?

Tenía que hacerme esa pregunta. Y así como tomé el control de mi carrera en ese momento crucial, tenía que tomar también el control de

mi vida. "Cada cual hace sus elecciones en la vida", había dicho Benny en su brindis. Ahora que mi matrimonio había terminado y mi vida iba en una dirección diferente a la que yo había pensado, tenía que hacer otra elección, y esta vez estaba decidida a hacerla por mí misma. Comencé a preguntarme: *¿Qué sigue? ¿Qué nuevo sueño voy a construir ahora?* En los días posteriores a la cena de Navidad, esta fue la pregunta que seguía haciéndome. Simplemente, no podía ignorarla.

CONQUISTANDO EL MUNDO

Para el primero de enero había confrontado mi peor temor: la desintegración de nuestra familia aparentemente perfecta. La realidad se estaba imponiendo, y yo tenía que encontrar la manera de hacer que todo funcionara. Ahora era una madre soltera: *¿Cómo voy a hacer esto? ¿Puedo hacerlo? ¿Puedo ser todo para mis hijos? ¿Podré llenar ese vacío para ellos? ¿Será suficiente para ellos tener sólo a mamá?* Era difícil y, a veces, deprimente comprender que no siempre tenía las respuestas. Y fue aún más aterrador pensar que tal vez nunca las tendría. Pero ya no podía detenerme para pensar en eso. Tenía que salir adelante. Incluso en los momentos de mayor debilidad, cuando más dudaba de mí, mis bebés me necesitaban. Tenía que ser fuerte.

No sé por qué, pero para bien o para mal, frente a la duda o al cambio, tengo estas ideas locas —y no me preguntes por qué— de que debo desafiarme a mí misma más allá de mis límites normales y hacer algo que no haya hecho antes. Supongo que, inconscientemente, se trata de distraerme a mí misma de la dificultad y el dolor del momento. Por ejemplo: después de tener a mis hijos —ese sí que es un cambio—, sentí como si hubiera perdido mi magia personal. Estaba agotada, floja y me sentía como una ballena. ¿Qué hice entonces? ¡Decidí participar en un triatlón! Toma en cuenta que nunca había hecho un triatlón. Había hecho una carrera de diez kilómetros cuando tenía doce años, pero nunca nada parecido a un triatlón.

El día de la carrera, mientras estaba rodeada de mil paparazzi, a punto de meterme al mar, comprendí que probablemente no era la mejor idea que hubiera tenido. Lo único que podía ver era una boya a quinientos metros, bloqueada por las olas que reventaban hacia mí. Solo repetí una

oración continuamente: "Por favor, Dios, tengo dos bebés. Por favor, permíteme sobrevivir a esta cosa tan increíblemente estúpida que decidí hacer". Pero cuando sonó el disparo de salida, corrí instintivamente hacia el mar y me metí. Enfrenté mi temor y cuando crucé la línea de la meta, me sentí invencible. Había recuperado mi magia personal. Sentí que podía hacer cualquier cosa.

Estaba ocurriendo de nuevo. Después de una Navidad reflexiva y de un Año Nuevo que había tratado de que fuera lo mejor posible, era la una de la tarde y yo estaba completamente sola en la cama, mirando al techo. Y entonces ocurrió. Una de esas ideas locas se me vino a la cabeza. Cogí el teléfono para llamar a Benny. La conversación fue más o menos así:

—Benny, ya sé lo que quiero hacer —le dije.

—¿Sí? —respondió él.

Y en un tono determinado y tranquilo que Benny, ya sabe, quiere decir que he tenido una revelación, le dije:

—*Tengo* que hacer una gira este año. Eso es lo que tenemos que hacer.

—¿En serio? —dijo él. Hizo una pausa. Hace años que Benny quería que hiciéramos esto. Esperé su respuesta—: Está bien... hagámoslo.

—¡Está bien, entonces! —le dije—. Hagámoslo.

—Está bien.

—Genial, estoy emocionada —dije.

—Yo también —dijo Benny.

Colgué. Fin de la llamada.

¿Qué diablos había hecho?

¡¡*PÁÁÁÁÁNIIIIIICCCCCOOO!!*

¿Ves? ¡Estaba funcionando! Ya no estaba concentrada en mi tristeza; mis pensamientos estaban en otro lugar, en el reto colosal que me había impuesto para construir mi "nuevo sueño". Algo que me llevaría a través de cinco continentes, sesenta y cinco ciudades, cuatrocientos sesenta y dos cambios de vestuario, y quinientas mil lentejuelas (*eso esperaba*): mi primera gira mundial.

A pesar de lo que muchos puedan pensar, yo nunca había hecho una gira. Y como si fuera poco, estaba a punto de hacerlo como una madre soltera con dos pequeños hijos a cuestas.

PRIMER ACTO

EL GRAN HOLLYWOOD

LISTA DE CANCIONES

Intro: "Never Gonna Give Up"

———

"Get Right"

———

"Love Don't Cost a Thing"

———

"I'm Into You"

———

"Waiting for Tonight"

———

Estaba triste. Estaba desconsolada.

Me sentía asustada.

Pero fue a través de la adversidad que

encontré mis gracias salvadoras.

A veces venían de fuentes inesperadas:

una canción, un desafío, o un amigo.

Era mi responsabilidad aprovecharlas al

máximo, aplicarlas a mi vida, actuar de

acuerdo con ellas y estar a la altura de las

circunstancias.

NEVER GONNA GIVE UP

NUNCA ANTES HABÍA hecho una gira en solitario y quería que todo saliera bien. Quería contar una historia, abrirme a la gente, darles lo que esperaban ver. Hice mi primer disco en 1999, lo que significaba que algunas personas habían esperado trece años a que yo viniera a su país para hacer un concierto. Quería cantarles todos mis éxitos, quería que sintieran que había valido la pena esperar.

Si yo iba a hacer esto, tendría que trabajar sumamente duro y mi objetivo no era sólo crecer como artista, sino también como persona. Una parte de mí se sentía petrificada, pues sabía que era posible que no saliera bien. Sin embargo, otra parte de mí se sentía muy atraída por la fantasía de todo esto. *¿Qué haría en términos creativos si pudiera hacer cualquier cosa? ¿Qué canciones escogería? ¿Cómo me expresaría como artista?* Y lo más importante: *¿Qué me pondría? ¿Quién haría mis trajes?* ¡En realidad, esto podría ser muy divertido! Mientras planeaba la gira, de repente tuve una especie de lienzo en blanco que podía pintar como quisiera. Pero como con cualquier lienzo en blanco, estar frente a él era emocionante y difícil al mismo tiempo. *¿Por dónde empezar? ¿Qué quiero decir? ¿Cuál será mi mensaje?* Para empezar, necesitaba un concepto.

EL REGALO DE UNA CANCIÓN

Poco antes de mi separación, Enrique Iglesias me llamó para decirme que quería hacer un dueto conmigo. Me envió una canción y la grabamos, pero después de escucharla, me dijo: "No es un éxito lo suficientemente grande. Si tú y yo hacemos una canción juntos, tiene que ser un éxito descomunal. Te voy a enviar otra canción".

Me envió una canción llamada "Dance Again". Habían pasado un par de meses y Marc y yo acabábamos de separarnos. Me estaba muriendo por dentro, me sentía sola, miserable y triste. No recuerdo exactamente la letra original de la canción, pero el estribillo era: "Quiero bailar... y amar... y *bailar de nuevo*" (*I want to dance... and love... and dance again*). Lo único que pude pensar fue: "Eso es exactamente, lo que quiero. Quiero bailar y amar y bailar de nuevo".

Necesitaba esa canción. Yo estaba en un momento de mi vida en el que sentía que no podría ser feliz de nuevo. Esa línea expresaba todo lo que yo estaba sintiendo.

Soy bailarina, eso es lo que soy. Soy más feliz, libre y me siento más viva cuando estoy bailando. Quería volver a ese sentimiento, a esa persona. Quería sentir la felicidad de nuevo. Quería sentir el amor de nuevo. Y eso es lo que hace la música. La música es una declaración de lo que es la vida y de lo que quieres que sea.

Y el sentimiento de esa canción... eso era algo que yo quería decirle al mundo.

Esta era *mi* canción.

Ups... disco rallado.

En realidad no era mi canción. Era de Enrique.

Le dije a Benny:

—Enrique quiere hacer esta canción a dúo, pero creo que funcionaría mejor si la hago sola. No puedo pedirle simplemente que me deje incluirla en mi disco, ¿verdad?

Y entonces Benny respondió:

—Yo sí puedo hacerlo. Déjame hablar con él.

No sé exactamente qué le dijo, pero Enrique me cedió la canción.

El destino quiso que Enrique y yo termináramos haciendo juntos la parte de la gira por Estados Unidos. Nunca olvidaré la noche del estreno en Nueva York. Enrique se me acercó al final del show, después de ver la respuesta de la gente a "Dance Again". Me miró a los ojos y me dijo: "Jennifer, tenías razón. Realmente *es* tu canción".

Al darme la canción, Enrique me dio también un regalo muy poderoso. En cierto sentido, cada canción lo es, porque la música es un regalo en sí. Cuando tienes la melodía adecuada y la letra expresa los

Cuando tienes la melodía adecuada,
y la letra expresa los sentimientos más
auténticos de tu alma, te eleva: es algo hermoso.

sentimientos más auténticos de tu alma, te eleva: es algo hermoso. Había sentido esto cuando era niña y escuchaba canciones en la radio. Y ahora, como artista, ser capaz de hacer esa música y cantarla —para mí y para los demás— fue una de las mayores bendiciones que he recibido de Dios.

Recuerdo que una vez, cuando estaba grabando mi primer disco, Puffy me dijo: "Ten mucho cuidado con lo que grabes porque te puede llegar a definir". La música es muy poderosa. Sale al universo y adopta una energía, se vuelve parte de tu historia. Por eso es que nunca grabaría nada que fuera demasiado negativo o demasiado deprimente porque no quiero que mi vida sea así. La música no es sólo canciones. Es tu vida como artista. De muchas maneras, lo que cantas es tu futuro. Yo siempre he creído en eso y siempre me ha parecido muy cierto. En ese momento de mi vida, a un nivel muy visceral, yo quería bailar de nuevo y quería amar de nuevo y eso era lo que quería cantar.

Siento que todas las canciones que he grabado me han sido dadas de alguna manera, que todas las canciones me han llegado en el momento adecuado. Y con el regalo de Enrique, sentí eso de nuevo.

Una vez que tuve esta canción, todo fluyó a partir de allí. Le pusimos el título de *Dance Again* al nuevo disco de mis grandes éxitos y cuando lanzamos el sencillo, llegó al *top ten* en países de todo el mundo. Todo giró en torno a ese mensaje.

Así nació Dance Again, la Gira Mundial.

Quería bailar de nuevo... y por primera vez, estaba a punto de hacerlo en todo el mundo.

HACIÉNDOLO

La verdad era que yo ya había planeado hacer una gira mundial tres o cuatro veces antes. Hacíamos toda la planificación y llegábamos hasta el final, a la etapa en la que estábamos haciendo las negociaciones, y luego aparecía un papel en una película. Las fechas de una gira se pueden mover, pero cuando estás filmando una película, hay que rodar cuando está programado y no hay margen de maniobra. Así que siempre decíamos: "Bueno, movamos las fechas de los conciertos". Y entonces de alguna manera, a pesar de que sólo queríamos posponerlo, todo terminaba derrumbándose. Pero como mis discos se seguían vendiendo, incluso sin el apoyo de las giras, a nadie parecía importarle que no hiciéramos conciertos.

Muchas personas parecían dudar de que yo realmente pudiera hacer una gira. Como nunca lo había hecho, tengo que admitir que yo tampoco estaba segura. ¿Tendría la energía para viajar tanto tiempo? ¿Podría realmente cantar en vivo y bailar y hacer todos esos shows tantas noches seguidas? ¿Mi voz resistiría? ¿Sería demasiado para mis hijos?

En el transcurso de las semanas siguientes, llamé a Benny y le dije:

—Mira, olvida lo que dije. No es el momento adecuado.

Él trataba de calmarme: a veces funcionaba, y otras veces no. Íbamos y veníamos, hablando, pensando y sopesándolo todo. Haríamos la gira, no haríamos la gira. En mi corazón, yo sabía que podía hacerlo, pero mi cerebro seguía jalándome hacia atrás.

Mientras consideraba la posibilidad de hacer esta gira, me acordé de una cosa peculiar que había ocurrido una década atrás, cuando estaba en Canadá rodando la película *Angel Eyes*. Todo el mundo en el set hablaba de un psíquico increíble que vivía en Toronto. No suelo creer en ese tipo de cosas, pero la gente no paraba de decir que ese tipo era increíble. "Tienes que ir a verlo. ¡Te leerá como un libro!". Yo era joven y me estaba divirtiendo, y un par de personas y yo decidimos hacerle una visita, simplemente por el placer de hacerlo.

Fui con una amiga que conozco desde la escuela primaria y que trabajaba conmigo en esa época. Encontramos el lugar del psíquico y cuando me acomodé para la lectura, él me miró y se puso muy serio.

—El día que termines haciendo una gira —dijo—, será algo más que viajar y hacer presentaciones. Vas a crecer como persona —Esto parecía extraño en boca de un psíquico, pero el tipo comenzó a ponerse muy emotivo —Es en serio —añadió—. Irte de gira cambiará tu vida. Cambiará todo en ti.

Lo miré y me sorprendí al ver que tenía lágrimas en los ojos. Era tan intenso, tan inesperado. Tan *raro*. Y no había terminado de hablar.

—Espiritualmente —dijo—, y como ser humano, te llevará a otro nivel.

No sé si realmente creí en todo lo que me dijo, pero nunca olvidé sus palabras. Y entonces mientras que Benny y yo discutíamos acerca de la posibilidad de hacer la gira, debo admitir que me encontré pensando en eso. "¡Tal vez si lo hacemos, realmente sucederá algo increíble!". Después

de todo el dolor que había sentido, quería recuperar a mi antiguo yo: ese yo fuerte, feliz y bailarín. Quizás esta gira era la respuesta.

Así que al final, cuando el reloj había marcado el momento de hacerlo ahora o nunca, Benny me detuvo y me dijo:

—Necesitan una respuesta, cariño.

Yo estaba en mi tráiler, poco antes de aparecer por televisión en vivo para *American Idol*. Di un paso atrás, respiré hondo y le dije:

—Lo haré.

Un mes más tarde, estábamos ensayando.

Figuring it out what this is all about
when he came to me, when he comes
to me
Gotta do what's best for me

—"NEVER GONNA GIVE UP"

Yo quería que el espectáculo empezara como la escena de un antiguo musical de Hollywood. No quería que pareciera real, sino como una película, como si estuvieran viendo las revistas musicales de Broadway, con Rita Hayworth o Ava Gardner, deslizándose por el escenario.

En las paredes de mi estudio privado en casa, tengo fotos en blanco y negro de las estrellas de Hollywood de los años treinta, cuarenta y cincuenta. Cuando ves las fotos, puedes imaginarte a ti mismo junto a ellas, en una escena de una película clásica. Y yo siempre me lo había imaginado. Así quise que fuera el comienzo de mi espectáculo. Algo suave, bello, etéreo... algo mágico, como de otra época.

Me vi sentada en un escritorio, detrás del escenario en mi camerino, escribiendo un diario, con un vestido blanco, interpretando el papel de una estrella de Hollywood rodeada de hombres con esmoquin y sombreros de copa bailando. Quería hacer que se sintieran como si estuvieran viendo un sueño...

Mientras me imaginaba esta escena, me pregunté qué canción debería cantar en ella. Yo sabía que "Dance Again" sería la última canción, la canción que me pediría el público, el mensaje final que yo quería que todos se llevaran de este espectáculo. Pero la primera canción es igual de importante, ya que sienta las bases para todo lo que viene a continuación. *¿Cuál debería ser? ¿Qué quería yo que fuera este espectáculo?* Recurrí a la persona que se había convertido en mi amigo, mi compañero y colaborador para este espectáculo: Beau.

NUEVA PERSPECTIVA

Conocí a Beau casi un año antes, cuando estaba haciendo la filmación del video de "On the Floor". Durante el proceso de edición, yo estaba viendo clips con el coreógrafo Frank Gatson cuando vi que uno de los bailarines de fondo se movía de una forma genial.

—Espera —dije—. Eso es increíble. Utilicémoslo. ¿Quién es él?

—Es Casper —dijo Frank, refiríendose al apodo de Beau. En ese momento, acabábamos de perder a uno de nuestros bailarines y necesitábamos un reemplazo para un concierto próximo. Así que dije:

—Traigamos a ese tipo. Vamos a contratarlo para el show.

Beau era bastante joven en aquella época pero había hecho coreografías para Eminem y Beyoncé, trabajado con artistas como Michael Jackson y Pink, y había aparecido en programas de televisión como *Jimmy Kimmel Live* y *Glee*.

Yo empecé como bailarina, así que siempre he sentido afinidad con ellos. Los atraigo y me atraen, y cuando estoy filmando un video o haciendo un show, me gusta pasar tiempo con ellos. Es un mundo que amo y en el que me siento cómoda. Así que sentí de inmediato una afinidad con Beau. Él y los demás bailarines me veía como una persona fuerte, capaz y decidida. Entonces, poco a poco, volví a ser fuerte, capaz y decidida. Así como las influencias negativas pueden llevarte abajo, la gente positiva a tu alrededor puede ayudar a levantarte.

Empezamos como socios creativos, pero con el tiempo nos hicimos muy amigos y realmente valoramos nuestras opiniones mutuas. Por lo tanto, en aquel momento, él era la elección natural para ayudarme a organizar la gira.

Ya habíamos decidido que queríamos hacer una apertura musical al estilo de los años cincuenta que pareciera onírica y etérea, con voces angelicales cantando alguna hermosa balada. Así que nos sentamos y escuchamos todas las canciones de mis discos, tratando de averiguar cuál sería la introducción del concierto.

—¿Tal vez "Secretely"? —dije, hojeando las páginas y mirando las letras.

—No —respondió Beau—. Tiene que ser "Never Gonna Give Up". Es una declaración perfecta para ti. Porque eso es quien eres. Beau puso la canción, y escuchamos:

Now that I'm growing / Now that I'm knowing
Never gonna give up on / Never gonna give up on love...

—No estás a punto de renunciar al amor, ¿verdad? —me dijo—. La gente tiene que saber eso. Aunque hayas pasado por esta época mala, te sigues sintiendo así.

Así como las influencias negativas pueden llevarte abajo, la gente positiva a tu alrededor te puede ayudar a levantarte.

Beau tenía razón. Y fue así como empezamos el concierto, con ese sentimiento. Sí, una parte muy importante de mi vida había salido mal, pero yo no renunciaré. Nunca renunciaré al amor.

En el video de introducción al concierto, estoy detrás del escenario con un vestido blanco que ondea, mientras escribo sobre el amor en mi diario, cantando acerca de no renunciar nunca, y de pasar al próximo capítulo en la vida. *I don't want to hear no woulda coulda, maybe I shoulda... Never gonna give up on, never gonna give up on... loove looove loooove...*

Y mientras la palabra "love" está sonando, cierro el libro, me levanto del escritorio, y camino detrás del escenario de un teatro antiguo y majestuoso... y mientras subo decidida una hermosa escalera blanca, paso a paso, empiezo mi nuevo viaje.

Yo no tenía idea que esta gira terminaría ayudándome a reflexionar sobre el viaje de mi vida, a través de mi música, de una manera que me iba a abrir los ojos. Nunca me lo esperé. Nunca pensé, cuando empezamos a planear el show, que sería una experiencia que me cambiaría tanto la vida.

Cuando llego a la parte superior de las escaleras, el kabuki cae en el escenario real, revelando el primer acto del show: el Gran Hollywood.

Todos mis sueños se estaban haciendo

realidad. A excepción de uno.

El amor parecía difícil de alcanzar. Pero seguí

intentándolo. Si ya había logrado que tantos

de mis sueños se hicieran realidad, ¿por qué

no este?

EL GRAN HOLLYWOOD

Y aquí está ella: la Jennifer Lopez que la gente ha estado esperando. La mujer con el vestido brillante, llena de joyas, maquillada, con las manos arregladas, glamorosa... La diva se levanta iluminada por el reflector.

Porque esto es quien soy, ¿verdad? La persona en la que me he convertido durante todos estos años a los ojos del público, la bailarina que se convirtió en actriz que se convirtió en cantante... y que se convirtió en estrella. Esta es la Jennifer Lopez que todo el mundo espera, así que esta es la persona que quiero mostrarle al mundo. La estrella de Hollywood, de pie en el escenario de un estadio lleno de fans gritando.

Like a movie scene, in the sweetest
dreams, I have pictured us
together...

—"WAITING FOR TONIGHT"

Así era el ambiente que quería crear para El Gran Hollywood, la sección de apertura de la gira Dance Again: la aparición de la estrella, con todo el glamour y la ostentación. Era la vida que imita al arte que imita

a la vida, y yo quería dar a todo el mundo el gran Hollywood tal y como me había sucedido a mí...

El Gran Hollywood incluiría los grandes éxitos: "Get Right", "Love Don't Cost a Thing", "I'm Into You", y "Waiting for Tonight". Y la verdad era que todos nosotros habíamos esperado esta noche durante mucho tiempo. A lo largo de nueve discos, trece años, y en medio de todos los altibajos. A pesar de todos los temores que había sentido al planear este espectáculo, finalmente estábamos aquí.

I'ts perfect, it's setting me free
From all of my sadness, the tears
that I've cried
I have spent all of my life waiting
for tonight...

—"WAITING FOR TONIGHT"

SOÑANDO CON BAILAR

Desde que era una niña, había dos cosas que se me daban con naturalidad: bailar y correr. No puedo recordar nada anterior a esto, y desde el momento en que empecé, nunca he dejado de hacer ninguna de las dos.

Nunca he querido ir más despacio. Moverme rápido y hacia adelante es un estado natural para mí. Cuando estaba en la escuela secundaria, mi hermana menor fue a presentarse al equipo de atletismo. Yo fui con ella y me terminaron escogiendo para el equipo. A partir de entonces, participé en todas las carreras y traté de ganar todas las medallas y trofeos que pude. Era sólo correr, correr y correr.

Me encanta la sensación que me da. Me sumerjo en un ritmo que me pone en un estado meditativo, en una zona donde me siento poderosa, fuerte, saludable y tranquila. Hay una gran frase que Lil Wayne rapea durante la canción "I'm Into You". Dice: *Every finish line is the beginning of a new race* (Toda línea de meta es el comienzo de una nueva carrera). Así es como me he sentido siempre, toda mi vida. Siempre corriendo y corriendo, sin querer quedarme quieta. Tal como descubriría más tarde, es útil tener este rasgo cuando estás construyendo una carrera, pero no lo es tanto en la construcción de relaciones.

okay now I'm into you, like you never knew
I'm falling for ya baby, I need a parachute.

—"I'M INTO YOU"

Yo no era una de esas personas que tenían algún plan maestro para llegar adonde estoy ahora. Cuando era niña, no pensaba: *¡Voy a ser una estrella!* He entrenado y trabajado duro y siempre me ha gustado ganar. Pero nunca pensé que esto me llevaría adonde estoy... obviamente, no es que dejara de pensar en ello. (¿Acaso tenía tiempo? ¡Estaba corriendo!).

Cuando tenía catorce años, empecé a bailar en el centro comunitario Kips Bay Boys & Girls Club. Al igual que con el atletismo, me volví obsesiva con la danza. Bailar tenía un ritmo semejante al de correr, y me parecía natural. Me hacía sentir bien y yo lo hacía bien. Practicaba hasta que las piernas y los pies me dolían: quería ser la mejor.

Practicaba muchas horas. Eso es lo que mis padres me enseñaron a hacer cuando tienes grandes sueños. Seguí su ejemplo de trabajar duro y puse todo lo que tenía en la danza. Me gustaba llegar antes de las clases y de los ensayos para calentar, y me quedaba hasta más tarde que los demás, trabajando en un movimiento difícil o practicando una vez más. Lo único que sabía en esos largos días era que me encantaba lo que hacía y que tal vez, sólo tal vez, podría hacerlo para siempre.

EN BUSCA DEL AMOR VERDADERO

Siempre había aspirado a ser bailarina profesional y trabajé duro para lograr este objetivo. Pero desde que era muy pequeña, cerraba los ojos en la cama por la noche e imaginaba la familia perfecta, con hijos y un marido que me amaba por encima de todo.

A lo largo de mi vida, he tenido algunas relaciones serias. Cada relación fue diferente y cada relación tuvo sus temas. Pero había una cosa que tenían en común: una intensidad apasionada que confundí, cada vez, con mi final feliz. En cada relación, pensé que mi cuento de hadas de la infancia se haría realidad y eso era todo lo que me importaba en ese momento.

Es difícil ver la realidad a través de la adrenalina de un nuevo amor. Es fácil proyectar tus esperanzas y sueños en una relación cuando es nueva y emocionante, pero la verdad es que sólo cuando sabes quién eres en tu esencia y eres fiel a ti misma, puedes ver la diferencia entre la pasión y el amor real.

Tuve la suerte —o la desgracia— de estar con hombres que tenían sentimientos muy intensos por mí. Hicieron muchas cosas locas, y me refiero a cosas *muy locas*. Como por ejemplo, soltar cientos de palomas afuera de mi ventana, comprarme un Bentley (o dos), regalarme diamantes raros, hacerme fiestas gigantes o enviar aviones privados para llevarme a algún lugar exótico. Estoy hablando de gestos espléndidos de amor, pasión, o como quieras llamarlo. Me encantaba. Era embriagante mientras estaba sucediendo.

Cuando un hombre hace algo así, es fácil pensar: *¡Guau, mira cuánto me ama!* Yo creía que estos gestos significaban amor. *Él me está dando unos regalos con los que sólo podría soñar, está colocando carteles que me dicen lo especial que soy. ¿Hay algo mejor que esto? Nadie nunca ha amado a alguien tanto como este hombre me ama a mí.*

Pero la pasión es un péndulo que se balancea en ambos sentidos. Y tan hermosa como puede ser, también puede ser muy intensa. Sin embargo, pasara lo que pasara, yo decidí permanecer en esas relaciones. Porque, ¿cómo se le puede dar la espalda a un amor tan grande, tan increíble y tan real? El problema es que no era un amor real; era pasión. Yo aún no sabía reconocer la diferencia.

La pasión es un péndulo

que se balancea en

ambos sentidos. Y tan

hermosa como puede

ser, también puede ser

muy intensa.

Una y otra vez me encontré en relaciones que, sin importar lo mucho que trabajara en ellas, siempre terminaban en dolor. Siempre me concentraba en una cosa: en hacer que la relación funcionara, sin importar lo que pasara. Siempre he tratado de ser la novia perfecta, la esposa perfecta. Sentía que estaba haciendo lo mejor que podía, entonces, ¿por qué no estaba funcionando?

CONVIRTIÉNDOME EN OTRA PERSONA

En medio de toda la confusión de mi vida personal y de algunas desilusiones desgarradoras en el amor, yo seguía trabajando duro en mi carrera, ponía toda mi energía en mi nueva música y en mis nuevos proyectos de cine. En algún punto del camino, dejé de ser Jennifer del Bronx, y empecé a convertirme en Jennifer Lopez, el conglomerado. Ahora era J.Lo, "la marca".

¡Hablando de correr! Yo estaba en pleno apogeo. La gente me tomaba en serio, como actriz y cantante. Estaba viviendo mis sueños, los sueños

que tenía mientras compartía la cama con mis dos hermanas en nuestro pequeño apartamento en el Bronx, agotada después de un día de clases de danza. Estaba poniendo toda el alma y el corazón en mi carrera. Tenía buenas intenciones y trabajaba duro.

Pero todavía tenía ese otro sueño de tener una familia y, a diferencia de mi carrera, donde todas las piezas encajaban a la perfección, el amor seguía siendo un rompecabezas para el que no podía encontrar las piezas adecuadas. Era lo único que no parecía poder descifrar. Aún quería encontrar a toda costa al hombre "ideal" con el que me establecería y pasaría el resto de mi vida.

Cuando me senté a imaginar la sección de apertura de la primera parte de la gira, pensé en esa etapa de mi vida, y entonces sucedió algo. Recibí el impacto de la primera de muchas comprensiones que tendría durante todo el proceso de organización del espectáculo: todo el correcorre que estaba haciendo en mi carrera, también lo estaba haciendo en mis relaciones. Nunca me había detenido a pensar en eso.

Entré en cada relación con optimismo y esperanza, pensando siempre que había encontrado lo que estaba buscando. Y siempre me sentía decepcionada cuando la relación terminaba, preguntándome qué había salido mal.

ENGAÑADA POR EL AMOR

Vuelvo a pensar en Lynda, Leslie y yo, hacinadas tantos años... Yo amaba a mis hermanas. Todavía las amo. No me importaba que todas estuviéramos metidas en el espacio de la otra, aún cuando dormíamos de noche.

Pero entonces, cuando mi carrera despegó y yo estaba en el medio del torbellino del cuento de hadas de Hollywood, mi vida cambió mucho. Ahora me alojaba en hoteles hermosos y en enormes suites en el penthouse... era el paraíso, ¿verdad? Yo era una adulta ahora; me valía por mis propios medios, viajaba y conocía el mundo, y sin embargo, no podía soportar dormir sola. Siempre estaba buscando a otra persona para que estuviera conmigo. No es que yo *prefiriera* estar con alguien... el problema era que detestaba no estarlo. Tienes que estar bien contigo misma antes de poder tener una relación sana con otra persona. Pero una vez más, esto es algo que yo todavía no había aprendido.

Tienes que estar bien contigo misma antes de poder tener una relación sana con otra persona.

Nunca estuve sola por mucho tiempo y cada vez que me encontraba con alguien, no había vuelta atrás: en cuestión de un instante nos volvíamos inseparables, monógamos, juntos a perpetuidad. Nunca pensé, *Bueno, déjame tomarme un poco de tiempo para ver si realmente quiero estar con esta persona. ¿Me gusta siquiera? ¿Es la persona adecuada para mí?* Yo no veía esta conducta por lo que era: un acto de no amarme realmente a mí misma.

I'm about to sign you up, we can get right

Before the night is up, we can get

get right get right, we can get right

—"GET RIGHT"

EL COMIENZO DE MI CUENTO DE HADAS

A veces el amor llega cuando menos lo esperas. Marc volvió a entrar en mi vida tres días después de que yo habría debido subir al altar para decirle a otro hombre: "Sí, acepto". Con Marc, a diferencia de mis otras relaciones, en un comienzo no era pasión, sino un terreno común y sueños similares. Pensé que podría construir algo real con él, algo duradero.

Era todo lo contrario a la relación de la que estaba saliendo. Como éramos una pareja que estuvo en la portada de todos los tabloides durante dos años consecutivos, acosada por los paparazzi y constantemente juzgada, nuestra relación se derrumbó bajo la presión del escrutinio de los medios que nos rodeaban. Ben Affleck y yo cancelamos nuestra boda, poniendo fin a nuestra relación muy pública de una manera igualmente dramática, días antes de que nos casáramos en una boda perfecta que habíamos planeado durante meses. No era más que la portada de una revista o un titular para todo el mundo —la broma de hoy, la basura de mañana—, pero para mí, cuando Ben y yo nos separamos en el momento en que pensé que nos estábamos comprometiendo el uno con el otro para siempre, fue la primera vez que de verdad se me rompió el corazón. Sentí como si me lo estuvieran arrancando del pecho. Fue algo completamente brutal. Y cuando logré comprender que no iba a tener esa familia de cuento de hadas con la que yo soñaba, ahí fue que me empecé a desmoronar. Yo estaba lidiando con el dolor emocional de todo ese sueño acumulado y la decepción posterior, con las grandes esperanzas y la emoción que terminaron en nada más que lágrimas y frustración.

La gente hace muchas cosas para anestesiarse en momentos como estos. Algunas personas caen en las drogas, otras en el alcohol, y otras más se van de fiesta. Entiendo eso, pero nunca he sido una persona que haga esas cosas. No, mi manera de anestesiar el dolor era diferente. Buscaba consuelo en otra persona, trataba de encontrar a alguien que me hiciera sentir amada y querida en mi momento más solitario.

Y ese fue el momento en que Marc reapareció en mi vida.

Marc y yo habíamos sido amigos durante varios años. Habíamos trabajado juntos en algunas canciones, y habíamos cantado a dúo en mi primer disco, titulado —irónicamente— "No Me Ames". Desde el principio, él nunca ocultó que yo le gustaba. Era cálido y divertido, un cantante genial y un artista que sabía cómo hacerme sentir especial. Pero lo mejor de Marc, lo que más me gustaba de él era que siempre, fuera lo que fuera, sabía cómo hacerme reír. Siempre me había gustado Marc, pues encontraba consuelo en su humor y su desenvoltura con la gente. Confiaba en sí mismo, tenía tanta certeza de todo y en ese momento, cuando me sentía tan perdida, tan deshecha y sola, él estaba ahí.

Pensamos que este era el lugar adonde se suponía que debía conducir todo, que teníamos que terminar juntos. Toda la angustia y el dolor de mi ruptura reciente no podría haber sido en vano, ¿verdad? Tal vez yo tenía que vivir una mala situación para poder terminar con la persona con la que estaba destinada a estar desde un principio.

A fin de cuentas, la primera vez que conocí a Marc en 1998, detrás de bastidores, mientras él estaba actuando en Broadway, lo primero que me dijo fue: "Un día vas a ser mi esposa" (historia real).

Cada cual hace sus elecciones en la vida... y elegí creer que Marc y yo

estábamos destinados a estar juntos. Que se trataba del destino. En ese momento necesitaba creer eso, necesitaba creer en algo. La realidad era que yo no quería estar sola, de modo que cuando Marc estaba allí, cuando me recibió con su gran sonrisa, su corazón en la mano y los brazos abiertos, yo estaba más que dispuesta a dejarme caer en ellos. Yo siempre le había gustado, pero ahora que él venía a ayudarme en un momento de necesidad, se convirtió en mi príncipe azul y me di cuenta de que yo también lo amaba. Esto tenía que ser el comienzo de mi cuento de hadas.

Y a partir de ahí, no pasó mucho tiempo antes de que decidiéramos casarnos.

Pensándolo bien, tal vez en el fondo yo sabía que se trataba de una vendita en la cortada, que mi herida no había sido cosida ni se había curado. Pero eché todo eso en un rincón de mi mente. Porque la vida da giros y vueltas impredecibles, ¿verdad? Y sólo tienes que hacer lo que crees que es lo mejor en ese momento.

En ese momento, Marc fue el hombre que entró en mi vida y me hizo sentir amada cuando yo había tocado fondo. Lo amaba por eso, y sentí que podría amarlo para siempre. Después de tanta confusión, sentí como si hubiera encontrado mi roca, el hombre con el que iba a pasar el resto de mi vida.

I think you need to take some time

To show me that your love is true

—"LOVE DON'T COST A THING"

ENCONTRANDO LA FORTALEZA MÁS ALLÁ DE TUS LÍMITES

Cuando empezamos a hacer ensayos para la gira Dance Again, mi cuerpo casi no podía soportarlo. Bailar todo el tiempo, ensayar todos esos

movimientos diferentes, trabajar en las coreografías... Ay, Dios mío, me sentía tan adolorida al final de cada día. Mis músculos estaban tensos, me dolía todo el cuerpo, y me sentaba en el piso de la ducha y dejaba que el agua me cayera en la espalda.

Sabía que si me esforzaba a pesar del dolor, mi cuerpo se acostumbraría a él. Y pronto sería más fuerte, me sentiría mejor y estaría en una forma increíble. Porque cuando construyes toda esa fuerza y resistencia, terminas sintiéndote mejor de lo que nunca podrías haber imaginado. Al final de una gira, sientes que puedes saltar por encima de los edificios. Pero para llegar a ese punto, primero tienes que sobrepasar el dolor.

Fue más o menos así como abordé mi relación con Marc. Nunca pensé: *Tal vez me precipité en esto, o tal vez no seamos las mejores personas el uno para el otro. Tal vez cometí un error. Tal vez seamos demasiado diferentes.* No me permitía creer eso. No podía hacerlo. En cambio, traté de convencerme de que todo saldría bien si podía superar este obstáculo.

I think of the days when the sun
used to set
On my empty heart all alone in my
bed
Tossing and turning, emotions
were strong
I knew I had to hold on

—"WAITING FOR TONIGHT"

Marc y yo no éramos los únicos que deseábamos que nuestro matrimonio funcionara. Nuestros fans también estaban comprometidos con esto y querían que fuera así. Casarme con Marc era como el final feliz, el giro en la historia en la que dejaba de ser J.Lo la Diva y me convertía Jennifer Lopez, la mujer casada. "Bennifer" había desaparecido, y ahora solo estaban Marc y Jennifer, la pareja que estaba destinada a ser. Yo no quería renunciar a eso.

Porque yo ya había alineado todo lo que necesitaba para la vida perfecta del Gran Hollywood: las películas, los discos, el glamour, y ahora el matrimonio que duraría para siempre, con el hombre que me había rescatado cuando yo estaba perdida.

Durante este período de mi vida, todo parecía un huracán, y era así como yo quería que pareciera la apertura del concierto. Era emocionante, conmovedor, fuerte... y daba miedo.

Sabía que la gente quería ver el mismo baile y la misma coreografía que habían visto en los videos de todas estas canciones, así que eso fue lo que le dimos, pero con arreglos más grandes, más bailarines, un escenario más grande... para que el público sintiera lo mismo que yo. Estábamos tomando algo viejo y lo estábamos convirtiendo en algo fresco y

emocionante. Fue la apertura perfecta. Nuestros ocho bailarines salieron con esmoquin clásico, sombreros de copa y bastones, bailando como si hubieran salido de una película de Fred Astaire. Pero entonces, a medida que avanzábamos, el tono empezaba a cambiar.

Poco a poco, los bailarines se quitaban los sombreros, las chaquetas y luego las camisas. Ahora había ocho chicos sin camisa, con corbatines y pantalones, y el ambiente empezó a cambiar. Las cosas estaban a punto de ponerse... interesantes.

Este era el momento en que pasábamos a lo que Ana, una de mis mejores amigas y la fotógrafa del Dance Again Tour, llamaba "la transición del desmayo" del show: "Waiting for Tonight" acompañado de un hermoso y electrizante espectáculo de láser. Y entonces las cosas se volvían muy sexy y un poco peligrosas. Todos estos elementos combinados creaban una atmósfera intensa. Cada vez que hacíamos esta parte del espectáculo, la gente empezaba a caer a diestra y siniestra, desmayándose frente al escenario, justo delante de mí mientras cantaba.

Todas las noches veía cómo caían, los retiraban y eran revividos detrás del escenario. Al comienzo me asustaba... ¡el Gran Hollywood estaba fuera de control! Y lo curioso es que era perfecto. Porque así era como yo lo había sentido en la vida real...

SEGUNDO ACTO

DE REGRESO AL BRONX

LISTA DE CANCIONES

"Goin' In"

———

El popurrí BX: "I'm Real", "All I Have", "Feelin' So Good", "Ain't It Funny"

———

"Jenny from the Block"

———

He perdido un poco de confianza. Casi pierdo

mi camino.

Tuve que regresar a casa, a mis raíces,

a mi crianza, a mi inspiración.

Fue allí donde encontré la respuesta.

JENNY FROM THE BLOCK

REDESCUBRIENDO LA DANZA

Le había dado al público una gran apertura glamorosa y de estrella de cine de Hollywood. Era así como el mundo me veía. Pero, ¿adónde iría a partir de allí? Para responder a esa pregunta, tuve que preguntarme a mí misma: *¿Quién soy yo realmente?* Yo lo sabía, pero para el espectáculo, tuve que regresar de nuevo al lugar que inspiró mi pasión: la avenida Castle Hill, en el Bronx. Ese era mi barrio, el lugar donde crecí escuchando hip-hop, salsa, R&B, pop y todo tipo de música, mientras caminaba por la cuadra. Nuestros vecinos eran muy diversos —puertorriqueños, dominicanos, afro-americanos, italianos e irlandeses— y todo el mundo luchaba y se esforzaba, tratando de salir adelante.

Mi mamá tenía dos trabajos y mi papá trabajaba en Seguros Guardian en el turno de noche. Compartía una cama con mis hermanas Leslie y Lynda, y todas las mañanas nos vestían y nos despachaban a la escuela católica. Por eso mis padres trabajaban todas esas horas, para poder pagarnos una buena educación y criarnos bien. Todavía recuerdo aquellos días en que iba caminando a la escuela a las siete de la mañana, congelada en mi pequeño uniforme de falda y medias hasta la rodilla, la nieve cubriendo las calles.

Mis hermanas y yo solíamos bailar y cantar juntas, haciendo pequeños conciertos en la sala. Lo hacíamos porque nos encantaba, porque era divertido actuar como si estuviéramos en algún escenario. Y podíamos conseguir mucho material simplemente caminando por la calle, viendo a la gente y lo que llevaban puesto, y entrando a las tiendas y escuchando a todo el mundo hablar. El Bronx estaba vivo con sonidos, colores y vida, y lo absorbíamos todo.

Podíamos conseguir mucho material simplemente caminando por la calle, viendo a la gente y lo que llevaban puesto, y entrando en las tiendas y escuchando a todo el mundo hablar. El Bronx estaba vivo con sonidos, colores y vida, y lo absorbíamos todo.

Crecí en la era del hip-hop, y recuerdo que fue en la escuela primaria cuando escuché por primera vez "Rapper's Delight" de Sugarhill Gang. Esa canción cambió mi mundo; yo decía: "¡Ponla otra vez! ¡Ponla otra vez! ¡PONLA OTRA VEZ!". Nunca antes había escuchado algo así, y era genial. Sentía como que era el impulso vital de mi crianza, la banda sonora de mi vida. Siempre me identifiqué con ese ritmo, con el ánimo y la cadencia que tenía.

Años después, canté sobre esa época en la canción "Feelin' So Good", y el video me llevó de regreso a Castle Hill.

when I opened up my eyes today
Felt the sun shining on my face...

—"FEELIN' SO GOOD"

Big Pun, Fat Joe y yo, todos jutos de regreso en el Bronx, cantando acerca de los placeres de la vida cotidiana allá... placeres simples como entrar al salón de belleza, recoger tu cheque, y comprarte algo de ropa, salir y divertirte con tus amigas. Recuerdo aquellos tiempos, la sensación de que había infinitas posibilidades incluso en las cosas más pequeñas. Más adelante siempre pensé en esos momentos, cuando me sentía aplastada por los tiempos difíciles. Siempre que terminaba una relación, cuando sentía que me estaba perdiendo a mí misma, me ponía a pensar: *Necesitas volver a ser lo que eres.* Y entonces me preguntaba: *Bueno, ¿quién soy yo?* ¿Había perdido algo de aquellas épocas cuando era esa chica que andaba por las calles de Nueva York, haciendo audiciones y esperando a que saliera mi gran oportunidad?

Porque esa chica nunca se preocupó por lo que deparaba el futuro. En esa época vivía siempre en el presente, sabiendo de alguna manera que las cosas iban a salir bien. La vida era visceral; yo tenía esa mentalidad del Bronx de tomar cada día como llegara. Me levantaba, iba a clases de danza, luego a una audición, me encontraba con amigos y luego preparaba la coreografía para un pequeño espectáculo que íbamos

a hacer. Todos los días me esforzaba para seguir adelante. Era incansable, siempre buscando lograr algo, lograr siempre algo, tratando de ser exitosa.

La vida era visceral; tenía esa mentalidad del Bronx de asumir cada día como llegara.

Había un cierto ajetreo con el que crecí, un ajetreo que aprendí de ver a mis padres. Me enseñaron a agachar la cabeza y a trabajar; trabajas para vivir y luego, cuando ya estás ganándote la vida, no te detienes. Esa sigue siendo mi mentalidad ahora. No dejamos de trabajar porque tenemos dinero en el banco, hacemos lo que hacemos y seguimos haciéndolo. Esa es la forma en que me criaron.

Agachas la cabeza y trabajas; trabajas para vivir y luego, cuando ya estás ganándote la vida, no te detienes.

Y eso es lo que me mantiene conectada a la realidad. Es la vida real, sobrevivir y trabajar duro para mantener a la familia. Puede que algunos me vean como una persona que ha sido exitosa y privilegiada desde siempre. Pero mi primer disco salió cuando yo tenía ya veintiocho años. Así que durante más de la mitad de mi vida, trabajé y luché como todos los demás para tener la oportunidad de ser exitosa.

De eso se trata "Jenny From the Block". Eso es lo que quería mostrarle a la gente en la parte de mi show llamada "De regreso al Bronx", la dualidad entre el Gran Hollywood y la vida en Castle Hill. Porque sí, hay una imagen pública que me gusta; me encanta ponerme elegante. Me encanta sentirme glamorosa. Me encantan las joyas y las cosas bellas. Pero sigo siendo esa niña que interpreta el papel de una estrella de cine, la misma chica del Bronx que lleva aros grandes en las orejas y escucha hip-hop.

LUCHANDO CONTRA EL DOLOR

Hay un ring de boxeo en el centro del escenario. Y yo soy una boxeadora, que camina bajo el reflector con mis asistentes, quienes sostienen las cuerdas para que yo suba al ring. Llevo unos pantalones sueltos, un sostén en el pecho y una capa negra con una capucha en la cabeza. Me doy vuelta para que la gente pueda ver la palabra estampada en mi espalda: LOVE?

Hago movimientos de boxeo durante unos segundos mientras los bailarines, que tienen pantalones de boxeo, se reúnen conmigo en el ring. Y luego me quito la capucha, mientras un locutor anuncia: "¡La campeona está *aquí!*"... y todo el mundo se vuelve loco.

¿Crees que sabes quién soy? ¿Crees que soy sólo esa mujer radiante, llena de joyas y plumas que ves en la pantalla? Bueno, piénsalo de nuevo. La música comienza, y... canto "Goin' In!".

Tonight feels like we can do
anything we like
Tonight feels like the best night of
my life
I'm goin' in . . .

—"GOIN' IN"

Quería dar seguimiento a la apertura del Gran Hollywood con la sección De regreso al Bronx, para mostrarle a la gente quién era yo realmente, esa chica con la capacidad de lucha de Nueva York en mí, y sabía exactamente quién podría hacer que eso sucediera. Había visto algunos clips de Parris Goebel, una coreógrafa de Nueva Zelanda, pero su material era fuerte y completamente genial: chicas bailando como chicos, dándolo todo, y la atmósfera impregnada de una energía increíble. Parris era perfecta.

Nunca recibió educación formal: aprendió a bailar sola y luego pasó a la coreografía, creando un estilo que llamó "polyswagg". Ella y su equipo son campeones mundiales de baile de hip-hop, pero nunca había sido contratada para un espectáculo de la magnitud de la gira Dance Again. Nadie estaba haciendo lo que hacía ella, y le dimos a Parris su primera oportunidad, pues sabíamos que había creado algo

completamente diferente a todo lo que habíamos visto en el escenario. Y ella *se lució*.

Una vez más, el espectáculo se convirtió en la vida imitando al arte que imita a la vida, porque hicimos toda esta cosa del boxeo: estás abajo, pero no fuera de combate, y no importa lo que pase en tu vida, sigues luchando.

Luego de participar en videos musicales y en algunos de los eventos de premiación más importantes del mundo, cantar una noche tras otra frente a decenas de miles de personas en una gira mundial —y a pesar de lo que yo me imaginaba— resultó ser una de las cosas más naturales que haya hecho. Me sentía como en casa en el escenario. Todos mis nervios desaparecieron, y al igual que cuando corría y bailaba, tenía claridad y vivía el momento. Y esta parte del Bronx, en particular, se convirtió en mi afirmación diaria y personal de que, cuando te caes, tienes que levantarte de nuevo.

Sostenía el micrófono y le preguntaba al público cada noche:

—¿Saben de dónde soy?

Y ellos respondían gritando:

—¡Del Bronx!

Entonces les decía:

—Es cierto. Sólo soy una chica sencilla del Bronx.

Se reían de la ironía de que yo estuviera vestida con ropa deportiva, cubierta de la cabeza a los pies con cristales brillantes Swarovski. Era cualquier cosa, menos sencilla.

—¿Es así como lo hacen aquí en Sydney? Cuando te caes, ¿te levantas? —les preguntaba.

Y el público se enloquecía.

—Así es como lo hacemos de donde yo vengo. ¿Puedo hacerles una pregunta? ¿Todos ustedes quieren volver al Bronx conmigo? —les gritaba.

La multitud estallaba con un rugido ensordecedor. *Uaaaahhhhhhhhhh.* Era uno de los momentos más bellos, empoderadores y electrizantes del concierto.

En este punto, casi todo el mundo sabía que yo me había divorciado recientemente, y una noche tras otra, me ayudaban a levantarme de nuevo. Tal vez yo les estaba ayudando a ellos también.

La noche en que les grité esto a los aficionados en el estadio TD Garden de Boston, me puse mi reluciente gorra de los Yankees de Nueva York, como lo hacía todas las noches. ¡Y obviamente, todo el mundo empezó a abuchearme! ¡Fanáticos de los Red Sox! ¿Qué se le puede hacer?

Comencé a reírme mientras me abucheaban. Y todos ellos también comenzaron a reírse, y poco después todos nos estábamos riendo juntos. Me encogí de hombros y les dije:

—Tengo que ponérmela dondequiera que vaya, ¿saben? Hoy no puedo dejar de ser de Nueva York. Soy como soy, no importa adónde me lleve la vida.

No matter where I go
I know where I came from...

—"JENNY FROM THE BLOCK"

El escenario está listo, los chicos llevan equipos de música y están con sus motos, las chicas con pantalones cortos y sexys sentadas en sillas de

playa frente a alambradas, el video mostrando muchos graffitis y la línea seis del tren que atraviesa la ciudad... fue así como preparamos el escenario para este tramo urbano y vibrante del concierto. No importa en qué ciudad del planeta estuviéramos, en ese momento todo el mundo sabía que estábamos de regreso en el Bronx.

Ciertas canciones encajaban perfectamente en esta parte del espectáculo. "I'm Real", "Ain't It Funny", "Feelin' So Good" y "Jenny from the Block" se habían convertido en una parte muy importante de mi imagen; era así como me veía la gente, porque era así como me veía a mí misma. Siempre me sentí como si fuera una chica dura de las calles que sabía cómo eran las cosas y que no estaba dispuesta a aceptar nada de nadie. La chica que tenía la cabeza bien puesta y que sabía exactamente lo que quería. La que no permitiría que la trataran como si fuera basura, la que nunca se extraviaría en una relación, la que nunca permitiría que todo su mundo fuera sacudido por nadie...

¿Realmente era esa chica todavía?

Siempre lo había pensado, pero luego me acordé de una conversación de hace muchos años, al comienzo de mi carrera. Yo estaba en una reunión con mi agente y salí para recibir una llamada de mi novio. A través de la puerta de cristal, mi agente pudo ver que yo estaba discutiendo y suplicando. Y le preguntó a mi asistente, "¿Jennifer tiene la autoestima baja?". Mi asistente la miró como si estuviera loca. Posteriormente, cuando mi asistente me contó esa historia, no podíamos dejar de reírnos. ¿Yo con la autoestima baja? "¡Qué cosa tan estúpida!", le dije. Pero, ¿lo era realmente? La agente vio algo que yo no veía. Ella era un poco mayor. Tal vez había pasado por algo parecido, o tal vez lo había visto en otras personas. ¿Quién sabe? Lo único que importaba era que ella lo supo reconocer cuando lo vio en mí.

ACEPTANDO MI DESTINO

Ahora, sé que no soy perfecta, pero sé que era una buena novia y una buena esposa. ¡Siempre doy esa vieja batalla del Bronx! Lo di todo en cada una de mis relaciones. Me hacía las preguntas más difíciles: ¿Cómo puedo arreglar las cosas? ¿Qué puedo hacer para que la otra persona sea más feliz? o, ¿Cómo puedo encargarme de sus necesidades? Me hacía

todas estas preguntas —que parecían ser las adecuadas— pero por alguna razón no funcionaba.

Mi vida podría haber continuado así para siempre, pero todo cambió en 2008, cuando tuve a mis hermosos hijos Emme y Max.

Marc y yo habíamos tratado de tener hijos desde que nos casamos. Nunca nos preocupamos por el control de la natalidad, suponiendo que la naturaleza seguiría su curso y que pronto quedaría embarazada. Sin embargo, los primeros años de nuestro matrimonio fueron agitados y con el estrés no pasó nada. Y aunque en un principio no parecía ser gran cosa, después empecé a preocuparme.

Luego de tres años de matrimonio nuestra relación se calmó un poco, y mi carrera estaba en una especie de pausa. Lancé un disco que no era el mejor y llevaba mucho tiempo sin actuar en una película. Fue una época extraña. Concentré toda mi atención en mi matrimonio y sentía que era el momento adecuado para tener hijos, pero no quedaba encinta. Marc tenía tres hijos con dos mujeres, por lo que comencé a pensar que se trataba de mí. *Tal vez no voy a quedar embarazada*, pensé.

Justo cuando empecé a pensar de esa manera, conversé con mi papá cuando vino a visitarme un domingo por la tarde. "Las cosas entre Marc y yo están muy bien", le dije. "Y no es que no hayamos intentado que yo quede embarazada. Pero no está sucediendo. No sé. Tal vez no estoy destinada a tener hijos. Sin embargo, mi carrera es increíble, tengo amigos maravillosos, y una gran familia... Tal vez estoy pidiendo demasiado. Creo que mi vida consistirá en otras cosas —en mi trabajo y mi carrera— en lugar de tener hijos", le dije.

Y entonces me dijo algo tan simple y a la vez tan profundo que me frenó en seco: "Bueno, ¿y por qué no puedes tener las dos cosas?".

Parecía una pregunta muy práctica, pero cuando mi papá la dijo en voz alta, fue como si el muro que yo había creado para mí misma con mis inseguridades y sentimientos de falta de valía se hubiera resquebrajado, dando paso a la luz. Pude ver que merecía tener esa bendición tanto como cualquier otra persona. No importaba lo que pasara, yo podía hacer esto.

Todo lo que me había estado diciendo a mí misma acerca de tener hijos y una carrera se debía al temor de que yo no tenía valor, de que no lo merecía. Se debía directamente a la falta de amor a mí misma. Pero mi papá lo puso en términos muy simples: *¿Por qué no puedes?* Y por primera vez, realmente creí que podía.

Al mes siguiente quedé embarazada. Era casi como si tuviera que tomar la decisión de que esto *podía* suceder antes de que ocurriera realmente. Pero incluso cuando sucedió, no pude creerlo. Me hice siete pruebas de embarazo antes de aceptar la realidad. Y luego, siete semanas después, me enteré de que no iba a tener un solo bebé, sino dos. ¡Gemelos! Lo único que pude hacer fue reírme, lo único que Marc pudo hacer fue llorar... lágrimas de felicidad.

Dios mío. Estaba *realmente* embarazada.

ME CONVIERTO EN MAMÁ FRENTE AL MUNDO

A mis seis meses de embarazo, estaba programada para abrir el espectáculo Movies Rock 2007, donde Marc también tenía previsto participar. Yo estaba detrás del escenario con Marc poco antes de que comenzara el espectáculo. Sería mi primera aparición real en público con mi barriga de embarazada, así que estaba un poco nerviosa. Cuando salí al escenario, lo primero que se vio fue un vestido blanco de Versace con un vientre gigante, y la gente empezó a aplaudir. Les gustaba esta Jennifer, la mujer casada, embarazada de gemelos, completamente segura y amable, en lugar de la Jennifer alocada, andando de club en club. Es curioso, cuando estás sola y haces lo tuyo, la gente se siente bien declarándote un objetivo. Pero cuando eres la esposa de alguien, la madre de alguien, entonces dejan de criticarte un poco. Eso era nuevo para mí, y me gustó.

La gente seguía aplaudiendo y muy pronto, todo el mundo se puso de pie. Sentí como si fuera la primera ovación de pie a mis bebés, ¡porque las personas estaban aplaudiendo, no sólo a mí, sino a nosotros tres! Fue una bienvenida muy cálida a la maternidad y la acepté de lleno. Se sentía como el primer paso hacia la redefinición de mí misma como una mamá ante la opinión pública. Este iba a ser el papel de toda una vida.

HACIÉNDOME FUERTE

Cualquier madre te dirá que el hecho de tener hijos es una de las experiencias más radicales que tendrás. Mis bebés me cambiaron de muchas formas e incluso antes de que nacieran, empecé a ver las formas en que cambió mi percepción de la vida.

Hubo un incidente en particular que me hizo darme cuenta de lo mucho que me estaban cambiando. Cuando estaba embarazada de unos seis meses, estaba en un evento y alguien cerca de mí encendió un cigarrillo. He estado rodeada de fumadores toda mi vida y aunque no es algo que me guste, el humo de cigarrillo jamás me ha molestado.

Pero esta vez, yo estaba embarazada. No quería inhalar el humo, así que inmediatamente me alejé de esa persona. Fue una cosa tan pequeña,

pero me dejó pensando: He estado rodeada de fumadores antes, pero nunca me ha molestado eso. Ni siquiera había pensado en el efecto que había tenido en mí. Pero ahora, el simple hecho de que alguien encendiera un cigarrillo cerca de mí hizo que quisiera alejarme lo más posible porque me preocupaba que el humo afectara a mis bebés… ¿Por qué no había pensado en esto con respecto a mi propia salud? ¿Por qué mi salud y bienestar no eran importantes? Yo quería mucho a estos bebés. No quería hacerles daño de ninguna manera. ¿No me veía a mí misma en los mismos términos?

Me di cuenta de que el simple hecho de estar embarazada hizo que ya no sólo se tratara de mí. Ahora tenía que cuidar a otras dos personas. Pero para cuidarlas, tenía que cuidarme a mí misma. En realidad siempre tenía que haberme cuidado a mí misma, ¡el problema era que nunca había pensado en ello!

Esta era una Jennifer diferente. Anteriormente, podía sentirme frustrada por algo que me había hecho alguien pero me tragaba mis sentimientos y seguía adelante. Pero ahora, debido a los bebés, estaba pensando de un modo diferente, e iba a hacer lo que considerara que era lo mejor para ellos y para mí. No estaba dispuesta a hacer concesiones.

Fue un paso, un pequeño paso en la dirección correcta. Yo estaba empezando a comportarme finalmente de una manera que nos ponía a mis gemelos y a mí en primer plano. Puede que parezca una cosa casi insignificante, pero este incidente me llevó a comprender la forma en que me estaba maltratando a mí misma. Esta fue la primera de las muchas formas en que mis hijos me cambiaron y había más cambios por venir.

No importaba lo fuerte y segura que yo creía ser, había hecho caso omiso de cuando algo no estaba bien. Lo cierto era que estaba aceptando cosas que no me gustaban.

Sería fácil culpar a otras personas por haberme tratado en formas que no me gustaban, pero ahora estaba viendo que yo era quien tenía la culpa. La única manera en que te pueden maltratar es permitiendo que te maltraten, y eso fue algo que hice una y otra vez. De alguna manera, tenía que encontrar esa luz de amor propio enterrada en lo más profundo de mí, que me permitiera decir: *Nunca más voy a permitir que eso me pase de nuevo.* Tenía que aprender a defenderme por mis propios medios de una manera diferente, pero no sabía cómo hacerlo.

La única manera en
que te pueden maltratar
es permitiendo que
te maltraten.

Así que, ahí estaba yo, la chica del Bronx, luchando y peleando como se suponía que debía hacerlo... Pero, ¿contra quién estaba peleando yo realmente?

I'm still, I'm still Jenny from the Block

—"JENNY FROM THE BLOCK"

De regreso al Bronx fue uno de los momentos más populares del espectáculo porque era nostálgico. Transportaba a la gente a esa sensación de hip-hop de la vieja escuela, de regreso a esa época en que sentías que lo sabías todo, a esa chulería del hip-hop que te hacía sentir tan poderosa, como si pudieras conquistar el mundo y sin que nada ni nadie te lo impidiera.

Así como era de enérgico ese momento en el escenario, cuando lo estábamos armando, las comprensiones fueron llegando de un modo rápido y furioso. Durante la gira, el hecho de presentarme todas las noches me hacía recordar muchos errores del pasado, pero también me ayudaba a reconectarme con la esencia de quien soy. Yo podría haberme extraviado, pero la Jenny de la cuadra aún estaba viva y coleando. Todavía estaba allí dentro.

TERCER ACTO

AMOR VIBRANTE

El amanecer de un nuevo día.

Reavivé la sensación de que tenía algo que

ofrecerle al mundo.

Por primera vez en mucho tiempo, me sentí

más cerca de mí.

FUNKY LOVE

OBSESIONADA CON EL AMOR

A lo largo de los años, el amor ha sido un tema constante en mi música. Siempre supe esto, pero nunca ha sido más claro para mí que cuando estuve viendo mis álbumes para armar el show. Me di cuenta de que en más de siete álbumes de estudio, tengo más de sesenta canciones de amor o con la palabra *love* (amor) en el título: "If You Had My Love", "Could This Be Love", "No Me Ames", "Love Don't Cost a Thing", "I Need Love", "I, Love", "Baby I Love U!", "Loving You", etcétera, etcétera, etcétera. Guau. Hasta *yo* quedé soprendida. Supongo que realmente tenía mucho que decir sobre el tema; era un tema que de verdad estaba tratando de comprender.

Así que ahora, en el espectáculo, después de haber pasado de Hollywood al Bronx, la sección Funky Love (Amor vibrante) llegaría al corazón de quien soy como artista. El amor siempre ha sido mi mensaje. El amor en todo su esplendor, el bueno y el malo; querer que las cosas salgan bien, siempre con ganas, siempre con esperanzas, siempre bregando. Se trataba de una pasión tan embriagadora que puede ser tan sanadora como destructiva.

Mi música siempre ha sido sobre eso: estar enamorada. *Amor amor amor amor amor*. Así que decidimos lanzar esta sección con "Hold It Don't Drop It", una canción retro con un tono de R&B que irónicamente —o no tan irónicamente— trata de no querer dejar o renunciar a alguien. Yo quería que fuera mitad James Brown, mitad Tina Turner. Así que para esta sección, Zuhair Murad, quien hizo el vestuario de todo el espectáculo, diseñó un vestido corto, con flecos, de color azul eléctrico con una capa de marabú que llegaba hasta el suelo. Salí moviendo las caderas y sacudiendo el cabello mientras la banda tocaba esta música vieja y llena de sentimiento. Había tres bailarines con los trajes de lentejuelas más brillantes que hayas visto en la vida. Eran como los Pips, bailando coreografías inspiradas en el funk y realmente se lucieron. Con mi voz más resuelta canté que no me iría, y terminé con los chicos arrastrándome literalmente fuera del escenario, recogiéndome y llevándome sobre sus

hombros mientras la banda tocaba las últimas barras de la canción. Supongo que era una metáfora, que representaba el hecho de que no me gusta terminar relaciones, y nunca lo hago sin antes dar una batalla.

Every time I try to run, something
keeps stopping me,
I try my best to turn around, but
your touch won't let me leave.

—"HOLD IT DON'T DROP IT"

A partir de ese momento, siempre bajábamos el ritmo. Después de todo eso, era lo necesario. Yo le decía al público: "Sé que a veces me dejo llevar por el amor. No es ningún secreto. ¿Quieren que hable de amor? ¡Sí que tengo historias!".

El público reía. Yo también. Y fue así como los llevamos al primer momento verdaderamente íntimo del concierto, una versión acústica de "If You Had My Love".

"If You Had My Love" fue el primer sencillo de mi primer álbum, una canción definitiva para mí. Yo quería interpretarla de modo que pareciera una conversación, como si estuviera hablando con el público, compartiendo en dónde había comenzado y dónde me encontraba ahora. La letra trata del inicio de una nueva relación, de lo que espero y de lo que quiero. Y hay también un poco de miedo, una sensación de, *¿qué harás si te doy mi corazón?*

En las estrofas, trato de establecer las reglas, pero el coro expresa todo el miedo que siento...

If you had my love and I gave you all my trust,
Would you comfort me?

El amor siempre ha sido mi mensaje. El amor en todo su esplendor, el bueno y el malo.

Al terminar la canción, me quedaba mirando al público y decía: "Esa fue la primera canción que canté sobre el amor... ". Y al decir esto todas las noches, los sentimientos y el peso de todas mis experiencias estaban ahí mismo, en esa frase. "Han ocurrido muchas cosas desde entonces". Una vez más, nos reímos juntos, porque el público sabía de lo que estaba hablando... Porque todos hemos pasado por eso, ¿acaso no? Yo quería tener ese momento con ellos para demostrarles que todos hemos estado juntos en este viaje. Desde el escenario, siempre podía ver a la gente asintiendo y sonriendo. Sabía exactamente a lo que me refería en el instante en que lo decía.

Era mi manera de decir, *Sí, estoy aquí en el escenario, pero soy humana. Y este es un aspecto en el que me parece que no puede hacerlo bien por alguna razón.* Es el momento en el espectáculo en el que empiezo a desnudar mi alma.

Lo que era sorprendente al hacer esto, noche tras noche, era que cada vez que lo hacía, me sentía un poco más indulgente conmigo misma. Hay algo liberador en estar de pie frente a una multitud y decir, *Sé que tal vez no he hecho las mejores elecciones. Tal vez las cosas no han funcionado siempre. Pero estoy aquí y lo estoy diciendo. No me avergüenzo, y todavía lo estoy intentando.* Al hacer esto, descubrí que a veces es bueno hacerte vulnerable. La gente, las canciones y el show me estaban ayudando a aprender a perdonarme y aceptarme por lo que yo era, con errores y todo. Poco a poco, estaba sanando...

Después de que nacieron los bebés, y mientras me fortalecía y recuperaba mi sentido del yo, empecé a mirar alrededor y a hacer un balance de mi vida, incluyendo mi carrera y mis relaciones. Estaba empezando a confiar en mis instintos, a seguir a mi corazón, y empecé a ver las cosas con mayor claridad. Cuando los demás aspectos de mi vida estuvieron en orden, los que no lo estaban fueron imposibles de ignorar.

Una de las cosas que me llenaron de satisfacción en esa época fue ser jurado en *American Idol*. Fue un refugio completamente seguro en una época difícil, y cambió profundamente mi vida.

Cuando recibí la propuesta para participar en *Idol*, parecía que nadie a mi alrededor pensaba que era una buena idea. Muchas cosas estaban en transición; Max y Emme estaban pequeños, mi música y la actuación estaban todavía en un período de calma y yo estaba concentrada en mi familia, viajando con Marc mientras estaba de gira. Fue un momento extraño y pensé que participar en *Idol* sería un nuevo reto, algo diferente. Todos los que me rodeaban parecían creer que hacer un programa de *reality* podría implicar un descenso de nivel para mí. Casi todos me pidieron que no lo hiciera. Pero no estuve de acuerdo.

"Estamos en otra era", les dije. "La televisión es la nueva radio. Es la forma en que la gente recibe la música". Por alguna razón, yo sabía que todo saldría bien. Sabía que participar en el programa también me traería otros beneficios. Yo quería estar en casa con Max y Emme, que apenas tenían dos años en ese momento, y trabajar en *American Idol*, un programa que se grababa casi todo en Los Ángeles, me permitiría hacer eso. Podría ganar una buena suma de dinero y estar con mi familia. También me pareció que sería divertido. De verdad me encantaba el programa y creía que yo tenía algo que aportar. Había tantas cosas positivas en el hecho de participar en el programa, que yo sabía que sería algo bueno. Pero nunca imaginé todo lo que recibiría de *American Idol*, no sólo a nivel profesional, sino también personal.

Cuando me pidieron que participara en el programa, pensé que todo en mi vida andaba bien. Estaba disfrutando de mi familia y me encantaba ser mamá. Este programa era muy diferente a todo lo que había hecho antes. ¿Sería capaz de hacerlo? *¡Vamos!* ¡Ya era una mamá, y

podía hacer cualquier cosa! ¡Acababa de dar a luz a dos seres humanos de mi vientre!

Recuerdo ese día con mucha claridad. El día en que nacieron. La primera vez que vi a Max y a Emme yo estaba en el hospital, acostada en la cama durante mi cesárea, y mi médico gritó: "¡Bebé número uno a la izquierda!".

Miré, y allí estaba Emme, los brazos extendidos, las piernas temblando, una pequeña criatura de color púrpura gritando a todo pulmón, "¡buaaaaaaaaa!".

Entonces alguien dijo: "¡Bebé número dos a la derecha!". Miré de nuevo y vi a otra pequeña criatura del mismo color, gritando aún más fuerte "¡buaaaaaaaaa!": era mi Max.

Los acerqué a mi pecho, y lo único que recuerdo fue que los besé y les dije: los amo, los amo, los amo tanto. Los amo... Fue algo instintivo, puro e incondicional. *Esto* era el amor, un amor que no había sentido nunca antes. Me empoderó de una manera que jamás habría podido imaginar.

Esto era el amor, un amor que nunca había sentido antes. Me empoderó de una manera que jamás habría podido imaginar.

Naturalmente, después de tener hijos, mi vida giró alrededor de ellos. De repente, están estos dos pequeños seres que dependen totalmente de ti, y que, literalmente, no pueden vivir sin ti. Es tan fácil perderse en ese mundo maravilloso cuando tienes bebés. Es un mundo mágico que abarca todo.

Así que tres años más tarde, cuando se presentó la oportunidad de ser juez para *American Idol*, la aproveché para recuperar una parte de mi individualidad. Necesitaba callar a todas las voces para escuchar la mía, y confiar en lo que me parecía que era lo correcto con el fin de tomar una decisión. Seguí mi instinto y di el salto.

Cuando comencé a trabajar en el programa —varios meses antes de que comenzara a transmitirse— me enamoré de Steven Tyler, de Randy Jackson y de Ryan Seacrest. Todos eran muy distintos, pero eran tan cariñosos y generosos. Todos me cuidaban. Eran como los hermanos que nunca tuve. Cuando llegaba al set de grabación, Steven me decía:

"¡Jennifer! Te ves hermosa, ¿qué es lo que te pones en la cara?". Siempre quería saber qué maquillaje usaba y qué productos me ponía en el pelo. Me hacía reír mucho, pues siempre me decía: "Sabes que sólo te lo pregunto porque estoy tan *enamorado* de ti, Jennifer, estoy muy *enamorado* de ti", con esa sonrisa irónica en su rostro.

Steven es muy diferente a lo que se podría pensar. La gente cree que es un roquero flaco y loco, con una boca inmensa y ropas estridentes. Pero es tan profundo y tan conmovedor. Cuando lo miras a los ojos, es como un pajarito herido. Le gusta mirar fijamente a los ojos, con la transparencia de alguien a quien le encanta conectarse con la gente.

Él me miraba, y yo veía un poco de tristeza en sus ojos, un poco de dolor de una manera que me permitía saber que ese hombre había vivido. Tiene una cualidad espiritual, es una buena persona. Puedes verlo en sus ojos.

Esas primeras semanas, mientras grabábamos las audiciones y nos reuníamos con todos esos jóvenes cantantes increíbles y fantásticos, también tuvimos la oportunidad de conocernos mutuamente. Me encantaba trabajar con los chicos, y me sentía bien con lo que yo podía aportar.

Cuando vi los clips de los primeros programas, pensé que se veían geniales. *Idol* había estado decayendo un poco en el último par de temporadas, pero si todo salía bien, veinte millones de personas podrían estar en sintonía para vernos. ¿Acaso se podía pedir más?

SUBIENDO A UN GRAN ESCENARIO

Era medianoche, y Marc dormía a mi lado. De repente me incorporé, el corazón palpitándome con fuerza. Era la noche anterior a mi debut en el estreno de *American Idol*. Me levanté y fui al baño, y cuando me miré en el espejo, estaba tan pálida como un fantasma. Lo único que logré pensar fue: *Mierda. Veinte millones de personas*. Estaba tan nerviosa por el programa que se transmitiría el día siguiente que me estaba muriendo del miedo.

Volví a la cama y dije:

—¡Marc! ¡Despierta! —Él dormía profundamente, así que gruñó un poco y se dio vuelta. Le dije—: ¡Papi! Tengo miedo. —Lo agarré de los hombros y lo sacudí para que se despertara—. ¡Tienes que despertarte!

A pesar de los problemas que pudiéramos tener Marc y yo en nuestra vida personal, en asuntos de trabajo siempre estábamos sincronizados.

Cuando me preocupaba que mi voz no fuera tan sólida como otras de las cosas que sé hacer, él me ayudaba a encontrar mi mejor voz para cantar. Realmente le doy crédito por eso, porque siempre me animó, me dio consejos y me dijo que yo podía hacerlo. Y siempre tenía una opinión muy inteligente en materia de negocios, era un compañero maravilloso en ese sentido. Por lo tanto, si alguien me podía ayudar en ese momento, era él.

—*Baby* —le dije—, me estoy volviendo loca.

—¿Qué pasa? —me preguntó con la voz pesada por el sueño.

—Es por lo de *American Idol* —le dije—. ¡Es tan grande! Veinte millones de personas lo verán, y nunca he hecho este tipo de programas, sin un guión, sin letras ni nada... ¡estaré completamente sola, con las cámaras y todo el mundo observándome!

Me sentía como si estuviera expuesta y vulnerable; como si fuera a correr desnuda por la calle. No era que tuviera miedo de que la gente viera mi verdadera personalidad. Yo sabía quién era y sabía que era una buena persona. Pero esto era nuevo para mí. Cuando eres una actriz, te acostumbras a decir las frases que alguien te da. Tienes la oportunidad de esconderte detrás de esa máscara. Cuando eres cantante, tienes una canción. La idea de ponerte de pie delante de todos y ser tú misma era algo realmente aterrador. Si alguien critica tu actuación, sólo están criticando una parte de ti. No saben nada acerca de lo que realmente eres, o de lo que es realmente importante para ti. Pero si alguien te critica en un programa como *American Idol*, te estarán criticando a *ti*.

—Está bien, está bien —dijo—. Pero eso no es tan terrible. Piensa cómo te sentirías si todo saliera mal. ¿Qué tal si nadie viera el programa...? Eso sería mucho peor, ¿verdad?

Pensé un segundo en eso y dije:

—Sí, sería peor.

Y luego nos dimos la vuelta y volvimos a quedarnos dormidos.

Me reí, porque Marc tenía razón. ¿Tenía sentido estar asustada porque el programa podría ser un gran éxito? No... Pero era esa cifra —veinte millones de personas— lo que me causaba nervios. En la televisión, la gente puede cambiar los canales, y de repente te ven sentada en ese panel de jurados, entonces en ese momento eres tú quien está siendo juzgada por cada una de esas personas que han sintonizado el canal. Es escrutinio a un nivel completamente diferente. Y para mí, eso es realmente abrumador.

Pero Marc sabía exactamente cómo calmarme. Sabía que lo que yo temía más que cualquier otra cosa era el fracaso. "Escucha, si el programa fracasara, *entonces* tendrás razón de sentirte muy mal", me dijo, y era verdad. Porque sé lo que se siente cuando fracasas, cuando tienes algo en lo que has trabajado muy duro, algo que te importa, y que sea considerado un fracaso. Créeme, he tenido esa experiencia. Y para mí, no hay peor sensación que hacer algo a lo que no responde la gente.

Pero cuando el programa comenzó a transmitirse, sucedió algo maravilloso. Aquello que temía resultó ser lo mejor de todo: Por primera vez, las personas estaban viendo mi verdadero yo —no el "yo" fabricado por tabloides y revistas— y les gustó lo que vieron.

VOLVER A MI YO REAL

La verdad acerca de los *realities* es que no puedes ocultar lo que eres. Cuando estás sentada allá arriba en un panel, reaccionando a los artistas que aparecen frente a ti, la cámara lo capta todo. Si te ríes, si lloras, si haces una mueca... todo el mundo podrá verlo. Cuando la gente empezó a ver esa temporada de *American Idol*, vio algo que no esperaba. La gente estaba buscando una diva, pero en vez de eso encontraron a una mamá.

De todas las cosas buenas que pensé que podrían darse con mi participación en *Idol*, no había esperado esta, y resultó ser la más grande y la más importante de todas. Había pasado tanto tiempo desde que me había sentido simplemente como... Jennifer.

Antes de que comenzara *American Idol*, un día estaba con mi amiga Leah, mi mejor amiga. Nos queremos mucho, tuvimos una conexión instantánea, desde el primer día en el que nos conocimos. No importa lo que diga o lo loco que pueda parecer, Leah siempre me entiende. Recuerdo haberle dicho: "Siento como si estuviera a punto de tener un bebé. Como si estuviera embarazada y pujando, sintiendo dolor, pero todavía no ha nacido. Pero un hermoso bebé viene en camino... ". Suena extraño, pero así me sentía en ese momento... como si estuviera al borde de algo increíble. Podía sentir que venía en camino, aunque no sabía muy bien qué era.

Estaban empezando a pasar muchas cosas emocionantes. A la gente le estaba encantando el programa. Yo había sacado un nuevo álbum, y cuando "On the Floor", el primer sencillo, se filtró justo antes de que *American Idol* saliera al aire, se disparó en las listas. Parecía que cada día traía algo grande y nuevo. Sentí una energía nueva e increíble en mi vida y en mi carrera, un tipo de energía que no había sentido en mucho tiempo.

La verdad acerca

de los *realities* es que

no puedes ocultar lo

que eres.

En muchos sentidos, *American Idol* fue para mí como una reinvención, una reintroducción a la vida pública. Estaba volviendo a encontrar mi propia voz, mi propio poder; tenía algo que decir, y la gente estaba escuchando. Era la primera vez en mucho tiempo que me sentía bien por ser simplemente yo. Y la respuesta a ser yo, no sólo de Steven, de Randy, de Ryan y de todos en el programa —sino también del público— fue tan cálida y acogedora que me sentí protegida y amada. Esto me reconectó conmigo misma.

Fue algo muy importante para mí. Me devolvió un poco de la confianza que había perdido con el tiempo, un poco de las bases que me habían faltado desde que el torbellino de Hollywood asumió el control de mi vida. Ni siquiera me había dado cuenta de toda la confianza en mí que había perdido hasta que comencé a recuperarla.

Todo esto sucedió gradualmente, en el transcurso de la primera temporada de *American Idol*. No fue un descubrimiento semejante a "¡Eureka!", sino la comprensión lenta de que las partes de mí que estaban vacías comenzaban a llenarse de nuevo. Sin embargo, aunque esto fue un proceso gradual, hubo un momento surrealista que lo cristalizó para mí, un momento donde comprendí de repente lo que de verdad significaba *American Idol* para la gente y lo que estaba haciendo por mí.

Sucedió durante la temporada de los premios Oscar, cuando el programa llevaba casi un mes al aire. Me habían invitado a una fiesta para celebrar uno de los filmes que había sido nominado a la categoría de la Mejor Película, así que me vestí y salí a hacer todo lo que se hace en un evento en Hollywood. Siempre hay un montón de grandes estrellas en estas fiestas —actores y directores y jefes de estudios—, las personas que mueven el negocio en esta ciudad. Esperaba integrarme y pasar un buen rato, pero cuando llegué, la gente empezó a pulular a mi alrededor, preguntándome por *American Idol*.

Era irreal... La gente me decía cosas como: "¡Oh, Dios mío! ¡Te amo en ese programa!", "¿Quién crees que va a ganar? Vamos... ¡Dinos la verdad!" y "¿Cómo son las cosas tras bambalinas? ¿Qué secreto nos puedes contar?". Yo no podía creer que en aquel salón lleno de las personas más exitosas y creativas de Hollywood, todo el mundo quisiera hablar de *American Idol*. Incluso Steven Spielberg se acercó para decirme que él y su familia veían juntos el programa. ¡Steven Spielberg!

Guau. El poder de la televisión.

En ese momento, me di cuenta de lo mucho que le gustaba el programa a la gente, lo felices que los hacía sentir y lo mucho que estaba cambiando la percepción de quién era yo. La gente decía que me quería, y esto me hizo comprender que pasé muchos años pensando justamente lo contrario, y que esto afectó lo que yo sentía por mí. Ese fue el principio del principio, el momento en que empecé a sentirme otra vez yo. Había descubierto que tomar riesgos, ser fiel a mí misma y tomar decisiones con buenas intenciones podía superar incluso mis propias expectativas.

MOMENTOS DEFINITIVOS

Ese febrero, las cosas no podrían haber estado mejor para mí en términos profesionales: la revista *People* me declaró su primera Mujer Más Bella del Mundo. Mi disco fue número uno, mi video fue número uno, y yo

estaba en el programa de televisión número uno en los Estados Unidos. Me sentía como si estuviera en la cima del mundo.

En medio de todo este entusiasmo y efusión de aprecio y amor, la burbuja se reventó con tres palabras simples: "No soy feliz". Marc estaba hablando de ciertas cosas entre nosotros que le molestaban, mientras yo permanecía sentada, tratando de averiguar a dónde iba con todo eso. Luego dijo de nuevo: "No soy feliz. Estoy aquí porque tenemos una familia, y porque estamos tratando de permanecer unidos. Pero no soy feliz".

Fue otro momento en que una grieta apareció en otro muro que yo había construido, y cuando la luz apareció brillando, pensé de inmediato: *Si tú no eres feliz, entonces ¿qué soy yo?* Me puse a llorar. Realmente pensé que había hecho todo lo posible para satisfacerlo en todo lo que pude; como esposa, como socia y como madre de sus hijos. Pero la verdad era que yo nunca me había detenido para preguntarme a mí misma si *yo* era feliz.

Fue como un bombillo que se encendiera en mi cabeza: ¿Qué sentido tenía seguir reprimiendo mis propios sentimientos de lo que faltaba en nuestra relación? ¿Cuánto tiempo tendría que seguir tratando de hacer feliz a alguien que me decía claramente que no lo era?

No podía parar de llorar. Marc trató de consolarme.

—Vamos. ¿Por qué lloras tanto? —me preguntó.

Ahora él parecía estar completamente bien, como si al haberse desahogado todo se hubiera resuelto. Para él, había sido una pequeña discusión y ahora todo volvería a la normalidad. No creo que él tuviera la menor idea del efecto tan grande que esas palabras tuvieron en mí; la caja de Pandora se había abierto, y lo que yo no sabía es que, por más que lo intentara, jamás iba a poder cerrarla de nuevo.

En los meses anteriores a esa conversación, yo había estado recuperando mi sentido de la confianza y la autoestima, primero como madre y luego con mi trabajo. Gracias a mis hijos, había empezado a entender más sobre el amor y sobre lo que realmente significa dar amor y recibirlo. Aprendí que hay ciertas cosas que no debes aceptar, y esto me hacía sentir fuerte y poderosa. Pero lo cierto era que, en mi relación, yo seguía atrapada en el mismo patrón en el que había estado atascada toda mi vida: mi propia felicidad y mi sentido del valor propio aún dependían de lo feliz que fuera *él*. Así que cuando Marc dijo claramente que él no era feliz, eso me destrozó por completo.

Durante muchos años había logrado convencerme a mí misma de que si me esforzaba los suficiente, podría solucionarlo todo y hacer mejor las cosas. Pero yo era lo suficientemente fuerte ahora como para concluir no sólo que no podía, sino que no se trataba de eso. Se trataba de que mi felicidad también era importante. Había llegado a un lugar en el que vi mi vida personal y dije: *¿Sabes qué? Esto* no *está bien*. No importa lo maravilloso que fuera todo lo demás en mi vida, esto no lo era. Y no podía seguir ignorándolo.

Cuando me desperté esa mañana, nunca esperé que una conversación tan simple me llevara a una comprensión tan trascendental y al cambio sísmico que produciría en mi vida.

CUARTO ACTO

QUÉ HICISTE

Mis esperanzas y mis sueños se desmoronaron.

Era como si se hubiera destruido algo que me

había costado mucho trabajo construir. Algo

hermoso que alguna vez valoré, se estaba

destrozando.

Pero en esa destrucción tan dolorosa encontré

la libertad.

QUÉ HICISTE

Llevo un vestido ondulante de color rojo escarlata mientras estoy de pie frente al público y suenan las notas finales de "If You Had My Love". Miro a la multitud y digo: "Algunas veces el amor no sale bien. Y cuando no sale bien, he descubierto que me sirve cantar al respecto". Luego comienza a sonar la guitarra de la canción "Qué Hiciste".

Ayer, los dos soñábamos con un mundo perfecto

–"QUÉ HICISTE"

"Qué Hiciste" era el primer sencillo de *Cómo Ama Una Mujer*, mi primer y único álbum en español. Y cinco años después, cuando estábamos organizando la gira Dance Again, yo sabía que tenía que incluir esta canción... con un mensaje muy importante al final.

Esta canción era muy difícil de coreografiar, porque queríamos describir en qué consistía realmente: en una persona maltratando a su pareja y del precio físico y emocional de estar en una relación abusiva. Liz Imperio, la brillante coreógrafa que hizo algunos de los temas más impactantes del espectáculo —los que más contribuyen a la atmósfera del

Cuando el hecho
de decir la verdad
resulta incómodo,
es el momento más
importante para hacerlo.

mismo, incluyendo los temas de apertura y de cierre— se aseguró de que las letras cobraran vida.

Mientras estoy en el escenario con mi vestido rojo, una pantalla encima de mí muestra todo tipo de imágenes ardientes y explosivas. Más abajo en el escenario hay dos parejas —una a mi izquierda y otra a mi derecha— y están bailando, pero también están representando el tipo de conducta abusiva que describe la canción. Liz decidió que quería hacer una hermosa fusión de hip-hop y tango. A mí me encantó, era una idea brillante. Era una interpretación fuerte pero apasionada, exactamente lo que describía la canción.

Queríamos representar la verdad acerca de las relaciones abusivas, pero no queríamos describir a los hombres de una manera negativa, aunque la mayoría de las personas se imaginan que el abuso es así. Lo que yo quería decir era que el abuso no tiene sesgos. No tiene un género específico; simplemente no está bien. Así que en una de las dos parejas en el escenario, un hombre maltrataba a una mujer, y en la otra, una mujer maltrataba a un hombre.

Ya se pueden imaginar lo que pensaba de esto el público de algunos países durante nuestros conciertos. Cuando miraba por encima de la multitud, podía ver a las mujeres llorando, sintiéndolo realmente. Y pude ver a los hombres retorciéndose incómodamente ante la sugerencia de que una mujer abusara de un hombre. En algunas culturas donde las mujeres no necesariamente tienen los mismos derechos que los hombres, nuestra decisión de representar a una mujer abofeteando, pateando y gritándole a un hombre era algo muy fuerte, pero cuando el hecho de decir la verdad resulta incómodo, es el momento más importante para hacerlo.

Armar esta canción fue duro para todos, especialmente para Liz, quien se puso muy emotiva mientras la coreografiaba. Yo entendía, pues también me afectaba. Pero el resultado final fue lindo, poderoso y verdadero. Mientras yo cantaba, las dos parejas se pateaban, abofeteaban y peleaban, pero cuando llegamos al final de la canción "Con tus manos derrumbaste nuestra casa", el hombre y la mujer que representaban a los agresores salieron del escenario, y la mujer y el hombre que habían sido abusados giran y se alejan. Se encuentran conmigo en el centro del escenario. Miro al uno... y luego al otro... y mientras doy un paso adelante hacia la audiencia, ellos se colocan detrás de mí y desaparecen. Yo quería que todos vieran que estas personas eran iguales a mí... que incluso *podrían ser* yo.

Ahora estoy de pie, completamente sola frente a la audiencia, el peso de este tema colgando pesadamente en el aire, y un mensaje destella de repente en la pantalla en letras grandes: *ÁMATE. LOVE YOURSELF.*

EL CAMBIO EMPIEZA DENTRO DE NOSOTROS MISMOS

Incluir "Qué Hiciste" en el espectáculo, con ese mensaje, me hizo contemplar de nuevo mi propio pasado. Una vez más, el espectáculo me estaba ayudando a afrontar mi propia verdad. Nunca me han puesto un ojo negro o partido un labio, pero he estado en relaciones en las que me he sentido abusada de una forma u otra: mentalmente, emocionalmente y verbalmente. Sé lo que se siente cuando tu alma se ve sometida por la forma en que te trata tu ser querido... quizás un empujón, un empellón, o una palabra desagradable que permanece contigo. Tal vez las cicatrices no sean visibles, pero son igual de profundas.

Tardé varios años en comprender que en una relación así, la intensidad y el conflicto realmente provienen de dos personas: de tu pareja y de ti. Porque cada día que no salgas por esa puerta, cada día que aceptes cosas en tu compañero *y* en ti mismo, es un día que estás diciendo que todo está bien. En última instancia, no podemos cambiar el comportamiento de otra persona: sólo podemos cambiar el propio.

No podemos cambiar el comportamiento de otra persona: sólo podemos cambiar el propio.

Lo único que podía hacer era averiguar cuál era mi parte en esto. Durante la organización del espectáculo, me di cuenta de que yo no estaba trabajando en una relación, asunto o persona; estaba trabajando en *todo* aspecto de mi vida con el que no me sintiera bien. Cualquier cosa que yo quisiera cambiar. Y estaba llegando a un punto en que comprendí que ese cambio tenía que suceder dentro de mí.

Se te olvidó que era el amor lo que importaba,
y con tus manos derrumbaste
nuestra casa

—"QUÉ HICISTE"

EL FIN DE UNA ERA

Ya era mayo, y desde la conversación de "No soy feliz" en marzo, yo vivía con tantas preguntas sin respuesta y con emociones conflictivas que no habíamos abordado. Ahora que miro atrás, tal vez los dos estábamos evitando deliberadamente el tema, pero tenía la sensación de que había una brecha cada vez mayor entre nosotros. Sin embargo, yo amaba a mi marido y también a mi familia. Y no estaba dispuesta a darme por vencida.

El final de *American Idol* estaba encima, y Randy, Steven y yo teníamos que hacer una gran presentación. Se suponía que debía ser la culminación de esta temporada grandiosa e increíble que había rejuvenecido el programa, pero no pudimos lograr que Steven estuviera de acuerdo con ninguna de las canciones. Dimos muchas ideas, pero por alguna razón, las cosas no funcionaron.

Llamé a Simon Fuller, el productor y creador de *American Idol*, y le dije: "¡Tenemos que hacer que suceda esto! ¡Ha sido un año tan increíble!".

Él lo intentó, pero con el tiempo se hizo evidente que no iba a suceder. Me sentí decepcionada, porque este final iba a ser *el* show; es decir, que teníamos toda una lista de de artistas de primera línea que iban a participar: Tony Bennett, Lady Gaga, Beyoncé, Gladys Knight... era un grupo de un talento sorprendente y se suponía que nosotros teníamos que estar en el centro de todo esto, las estrellas del equipo local. Pero simplemente no se dio.

Al día siguiente, dos días antes del episodio final del programa, Marc y yo fuimos al Paseo de la Fama de Hollywood, donde Simon Fuller estaba recibiendo una estrella. Hubo una ceremonia, y los fotógrafos y los fans estaban allí. Yo adoro a Simon y quería hacer un acto de presencia para apoyarlo. Apenas nos vio, se acercó y nos dio un gran abrazo.

—Escuchen —dijo—. Cualquier cosa que quieras hacer para el episodio final, queremos que la hagas. Queremos que te sientas bien.

Yo sabía que él no estaba contento con que no hubiera resultado la canción con Steven y Randy. Y me encantó que quisiera hacer las cosas bien, lo cual era muy típico de la forma en que me habían tratado todos en *American Idol* a lo largo de toda la temporada.

—¿Qué tal si hacen algo juntos? —sugirió.

Miré a Marc y le dije:

—Bueno, ¿te gustaría hacer algo juntos?

Y aunque me sentí vulnerable en ese momento, tenía la esperanza de que fuera una oportunidad para volver a conectarnos y acercarnos.

—Claro —dijo Marc—. Sin embargo, tendríamos que hacerlo con mucha rapidez.

—Sólo digan lo que necesitan —dijo Simon—. Lo que sea.

—¿Puedes traer a mi banda? —preguntó Marc. No era cualquier petición, pues Marc cantaba con un orquesta de salsa de diecisiete integrantes, y la mayoría de los músicos vivían en Miami y Nueva York.

—No hay problema —dijo Simon—. Nos encargamos de todo.

Y así fue.

Más tarde, cuando íbamos a casa en el auto, le sugerí a Marc:

—Ya que viene tu banda, por qué no cantamos una de tus canciones... ¿Qué tal si hacemos "Aguanile"?

Sabía que el público general de *American Idol* se sentiría impresionado al oír a Marc cantar esta canción a pesar de que era en español. Empecé a imaginarme el espectáculo.

—Puedo cantar contigo —le dije—. Puedo entrar en el segundo verso y luego cantamos el coro juntos...

Pero Marc no estuvo de acuerdo. De manera muy casual, dijo que era una canción para hombres y sugirió que sería mejor que él cantara y yo bailara.

No estaba segura, pero acepté, algo reticente. Después de todo, quería que esto fuera bueno para nosotros. Iba a poner todo el amor y todo el poder que yo tenía como artista e intérprete para que así fuera.

Enseguida pasé al modo de "productora".

—Tenemos que conseguir bailarines con plumas. Todo se tiene que ver muy elegante, sin colores fuertes... —dije. Quería que todo fuera perfecto. El espectáculo era en dos días y no había tiempo para perder. Hicimos una hermosa coreografía y un baile sexy para mí, entrando sólo después de que Marc hubiera cantado la primera mitad de la canción.

En la noche del episodio final, el show fue eléctrico. Fue presentación increíble tras presentación increíble. Por fin nos llegó el turno. Marc cantó y el publicó estalló. Cuando subí al escenario y bailé alrededor de Marc mientras él levantaba las cejas, haciendo reír al público, el público estaba a en el punto más alto. La última parte de la canción fue realmente salvaje, pues yo había logrado que Sheila E. hiciera un solo de percusión. Todo se hizo cada vez más frenético y mientras las trompetas tocaban las últimas notas de la canción, yo me paré junto a Marc, de espaldas al público, puse mi mano en su pecho, dándole a él el centro de atención del momento final. Cuando la multitud estalló en gritos y aplausos, nos besamos, y le limpié con la mano el labial rojo que le había quedado en los labios para que no se viera tonto.

Marc estuvo increíble, y todo salió a las mil maravillas. Pero después comprendí que esa presentación debería haber sido la culminación de un año increíble en mi vida y en mi carrera y por alguna razón, simplemente no lo fue.

Es cierto que a veces, cuando estás trabajando tan duro para que una relación funcione, puedes sacrificar cosas que son importantes para ti. Eso es exactamente lo que estaba haciendo yo.

Cuando miro hacia atrás, me parece como el fin de una época. Marc y yo éramos pura magia en el escenario, pero esa fue la última vez que nos presentamos juntos como marido y mujer.

UN ÚLTIMO INTENTO

La noche después de esa presentación en *American Idol*, Marc y yo tenía-mos programado pasar unas vacaciones con los niños en el Caribe. Me había sentido tan ansiosa por los problemas entre nosotros que quería que nos tomáramos un tiempo para descansar de todo, y hablar con él con la esperanza de volver a conectarnos.

Hablamos mucho en ese viaje, y recuerdo que le dije: "Marc, tú y yo somos el pegamento de esta familia. Tenemos que estar bien, porque de lo contrario, todo se desmoronará". Le dije que quería que pasáramos más tiempo con los niños, y hacer que nuestra familia fuera una prioridad.

A medida que le decía esto, lo único que podía pensar era: *Ojalá entienda lo que estoy intentado decir.* Para ser justa con Marc, no estoy segura de cómo recuerda él todo esto, si veía estas vacaciones como un posible punto de quiebre en nuestro matrimonio o no.

A veces, cuando estás trabajando tan duro para que una relación funcione, puedes sacrificar cosas que son importantes para ti.

Los dos sabíamos que algo estaba mal, pero no estoy segura de que Marc viera las cosas como un momento de crisis tal como las veía yo, o quizás sí... Lo cierto era que estábamos hablando de los mismos problemas que tuvimos siempre, pero lo que quizás no entendía era que aunque los problemas eran los mismos, *yo* estaba cambiando.

Anteriormente, habría aceptado las cosas como estaban. Habría pensado: *Bueno, así son las cosas, y tengo que lidiar con ellas*. Pero por primera vez en varios años, en lugar de aceptar la situación, pensé: *Esto no me parece bien, no es bueno para mí y tampoco para los niños*. Y aunque Marc entendía esto, ¿algo cambiaría? ¿O regresaríamos de nuevo a lo mismo de siempre?

Recibí mis respuestas la misma semana que llegamos: la semana de nuestro séptimo aniversario.

A nuestro regreso a casa, cuando llegó el día de nuestro aniversario, estábamos tratando de poner todo a un lado y disfrutar del momento, pero tuvimos otra discusión.

Porque esto es lo que

pasa con los niños:

no hacen lo que dices,

hacen lo que haces.

Sin embargo, como con tantas cosas después de que nacieron los niños, esta vez fue diferente. Me di cuenta de que yo ya no era la misma persona de antes y simplemente no quería seguir peleando. No quería que Max y Emme pensaran que esto era normal. Porque esto es lo que pasa con los niños: no hacen lo que dices, hacen lo que haces. Ellos te observan. Si les dices que no beban, pero tú lo haces, ellos también lo harán. Si les dices que no fumen, pero tú fumas, puedes estar absolutamente seguro de que van a agarrar un cigarrillo. Así que si te escuchan pelear o discutir todo el tiempo, van a pensar que eso es normal.

Quería sentirme bien con las decisiones que estaba tomando para mí. Quería ser capaz de pararme frente a ellos y decirles: "Hice lo correcto", y no ser una persona disfuncional que permanecía en un matrimonio por las razones equivocadas. Yo había luchado tanto para que todo estuviera bien, pero hay algunas cosas que simplemente no se pueden forzar. En ese momento comprendí que a pesar de lo difíciles que fueran las cosas, lo mejor que podía hacer era terminar con esa relación.

Hay un amor como ningún otro. Un amor que

no exige condiciones. Un amor que no se

puede explicar o aprender.

Es un amor que te da un propósito mayor. Es

un amor que puede poner a un lado el resto

de tu mundo.

UNTIL IT BEATS NO MORE

CUANDO TIENES HIJOS, sientes un amor que no has sentido antes. La primera vez que alcé a Emme y a Max, y eran unos bebés pequeños e indefensos, tuve un sentimiento muy puro por ellos. No era traumático, atormentado, o complicado. Era algo perfecto, sencillo y verdadero.

Cuando miraba a mis hijos, sabía que nunca quería hacerles daño ni permitir que otra persona lo hiciera. No podía soportar esta posibilidad. Lo que siento por mis bebés tiene una profundidad que supera todo lo que he sentido antes, la sensación de que haré lo que sea para asegurarme de que estén bien.

Obviamente, el amor romántico es diferente al amor materno, pero tiene los mismos componentes básicos. Cuando sentí ese amor puro por

Max y Emme, comencé a entender que al amor romántico que yo había recibido le faltaba algo. Con mucha frecuencia, sentía que ese amor era condicional, como si tuviera que comportarme de cierta manera, o merecerlo de algún modo, para conservarlo. La Biblia nos dice que el amor es paciente, que el amor es bondadoso... No es egoísta, no se enoja fácilmente, no lleva las cuentas... Desafortunadamente, muchas de las relaciones en las que había estado no se amoldaban del todo a esa definición.

It's love and I have found it, feel the beat again, stronger than before I'm gonna give you my heart, until it beats no more

—"UNTIL IT BEATS NO MORE"

APRENDIENDO A CUIDARME

Poco después de nuestras vacaciones en el Caribe, tenía que viajar a Europa con mi mamá y los niños para seguir con la promoción de "On the Floor". Nuestra primera parada fue en París. Mi mamá salía con Max y Emme a todas partes; nadie sabía quiénes eran, así que nadie se metió con ellos. Pasaban los días conociendo la ciudad, visitando los parques, disfrutando del paisaje. París tiene unos parques realmente preciosos; es una de mis cosas favoritas de esa ciudad. Entonces, un día, cuando lo único que tenía en mi agenda era una presentación en la noche, les dije a Emme y a Max: "¡Bueno, Mamá vendrá a jugar con ustedes al parque!".

Mi mamá y yo empacamos algunas cosas de comer en una bolsa y nos preparamos para salir con los niños.

—¿Quieres que te acompañe el equipo de seguridad? —me preguntó Benny.

—No —dije—. No quiero un montón de gente; sólo quiero estar con mamá y con los niños.

—No creo que sea una buena idea —dijo—. Te van a acosar.

Yo no quería ir con un séquito al parque. ¿No podíamos ir nosotros cuatro y disfrutar juntos? Quería creer que nadie notaría que estábamos allí y que si lo hacían, nos darían un poco de espacio y reconocerían tal vez que sólo queríamos pasar un momento agradable. Pero Benny no estaba de acuerdo, así que cedí y uno de nuestros hombres de seguridad fue con nosotros.

Llegamos al parque y los niños se emocionaron mucho al ver que había un carrusel. Mamá y yo los subimos a los caballos, y ellos se reían y gritaban mientras daban vueltas; se estaban divirtiendo mucho, y ver a mis hijos tan felices fue como un bálsamo para mi alma. Pero apenas empezamos a relajarnos y a divertirnos, una gran cantidad de paparazzi apareció de la nada.

Tratamos de ignorar al grupo de hombres que nos rodeaba y tomaba fotos, aunque era casi imposible. Sin embargo, intentamos seguir con nuestro día, y cuando Emme y Max vieron un pequeño puesto de venta de juguetes y dulces, se acercaron a echar un vistazo. Yo les dije: "Bueno, cada uno puede escoger un juguete". Max cogió una pistola de agua. Y cuando Emme vio lo que había elegido Max, decidió que también quería

una. Las llenamos de agua, y los niños comenzaron a lanzarse chorros, mientras corrían y reían.

Los fotógrafos seguían tomando fotos y cada vez se acercaban más. Los paparazzi en París no son los más educados o respetuosos. No me gustó que se estuvieran acercando tanto y le dije a mi mamá:

—Oye, te reto a que mojes a esos tipos con una pistola de agua.

Ella levantó las cejas y me miró.

—¿Quieres que les tire agua? —me preguntó—. ¡No tengo ningún problema en hacerlo!

—Ah, no importa —le dije—. No lo harás. Sé que no lo harás —añadí, sabiendo por supuesto que decirle esto era la forma más segura de lograr que lo hiciera.

—Dame eso —me dijo. Agarró una pistola de agua y se les fue encima a los fotógrafos como una osa definiendo a sus cachorros. Le habían operado una rodilla un par de semanas atrás, así que todavía cojeaba, pero persiguió a los fotógrafos y les mojó las cámaras. Los paparazzi parecían aterrorizados por la mujer loca con la pistola de agua y todos se dispersaron, gritando y maldiciendo en francés. Pero mi mamá seguía cojeando y persiguiendo a todo el mundo, echando agua por todas partes.

Me reí tanto; no me había reído tanto en muchos meses. Algo que me encanta de mi mamá es que me hace reír como nadie. Es como si estuviéramos conectadas por el hueso de la risa o algo así. Quiero que me acompañe cada vez que paso por un momento difícil, porque ella dice y hace cosas que siempre me hacen sentir mejor. Y este era un descanso muy necesario de todas las emociones intensas con las que había lidiado durante ese tiempo.

Somos como cualquier mamá e hija en el sentido en que tenemos nuestros altibajos, épocas en las que somos super amorosas y momentos en los que peleamos como locas. Pero cuando me siento triste, vulnerable o sola, lo único que sé es que quiero estar con ella. Sé que ella hará lo que sea para asegurarse de que yo esté bien. Me abraza, me hace bromas, y duerme incluso conmigo si estoy sola. Siempre que la necesito, ella está ahí. Espero que algún día, Max y Emme puedan decir lo mismo de mí sin pensarlo dos veces. Haré cualquier cosa y todo lo que esté a mi alcance para que así sea.

Mamá persiguió a esos fotógrafos porque ella siempre me cuida, sin importar lo demás. Porque el amor de una madre por sus hijos tiene algo que lo trasciende todo.

El amor de una madre

por sus hijos tiene algo

que lo trasciende todo.

En esa época, la fortaleza que adquirí luego de ser mamá me dio fuerzas en uno de los períodos más difíciles de mi vida. Durante la planeación de la gira Dance Again, sentí que "Until It Beats No More" podía ser un momento clave para mostrar esta fase de mi vida. Quería que el público viera y entendiera ese amor que siento por mis hijos, el cual considero que es el amor más puro de todos, y el impacto que tuvo en mí.

Al final de "Qué Hiciste", las palabras "ÁMATE" y "*LOVE YOUR-SELF*" habían relumbrado en la pantalla. Y mientras el piano tocaba los primeros acordes de "Until It Beats No More", yo le decía a la gente: "Hay muchos tipos de amor... pero luego está el amor real y verdadero. Y en esta vida, puedo decir honestamente que he sentido el amor verdadero". Y entonces, una foto gigante de Max y Emme llenaba la pantalla.

*I was down for the count, feeling
like I've come to the end
Nothing really mattered, nothing
left for me to mend...*

—"UNTIL IT BEATS NO MORE"

Durante toda la canción, fotos y videos de Max y Emme, muchas de ellas tomadas por mi querida amiga Ana, brillaban en la pantalla; un collage de muchos momentos bonitos que hemos tenido juntos. Nunca he sido de las que hacen desfilar a mis hijos frente al público, pero sentí que esta parte del espectáculo era muy importante. Yo quería mostrarle a la gente el amor que me había cambiado. El amor que me había enseñado que hay que celebrar la vida y no sólo aguantarla. El amor por mis bebés me salvó y esto era algo que yo quería compartir con el público.

Cada vez que cantábamos esta canción, el público se enloquecía. Una de las cosas más fantásticas de la gira fue que tuvimos todo tipo de gente: desde papás y mamás con hijos de ocho años, hasta niños, adolescentes, veinteañeras y treintañeras, pasando por parejas de mediana edad y hasta abuelos. Era un asunto de familia, personas desde los siete a los setenta años. Y todos conectaban con esta parte, pues giraba en torno a la familia.

Hubo algunos conciertos en los que, debido a los permisos locales y ordenanzas de ruido, tuvimos que cortar un par de canciones para terminar en el tiempo asignado. Una o dos veces, sugerí que tal vez podíamos cortar "Until It Beats No More". Ya teníamos otras dos baladas, y me imaginé que la gente preferiría las canciones más animadas. Pero

todo el mundo —Benny, la banda, los bailarines, todo el equipo—, decían: "¡De ninguna manera!". La gente sentía que era la parte más emocionante de todo el espectáculo. En muchos sentidos, era el corazón del espectáculo: la razón absoluta por la que lo estábamos haciendo. Y por eso no la sacamos... ni una sola vez.

I'm alive, I can breathe, I can feel,
I believe
And there ain't no doubt about it,
there ain't no doubt about it...
I'm in love.

—"UNTIL IT BEATS NO MORE"

COMPARTIENDO EL BIENESTAR

En medio de la gira, tuve un momento muy especial con Max. Hice toda la gira con Emme y con Max, pues no soportaba la idea de estar separada de ellos durante cinco meses. Afortunadamente, los niños son muy buenos viajeros, así que no tuvimos ningún problema, aunque hubo algunos días y noches muy largas.

Una noche, muy tarde, estábamos volando a Turquía para el próximo concierto. Todo el mundo en el avión estaba completamente dormido. Pero Max estaba despierto, sentado en mis piernas, haciéndome las típicas preguntas que hace un niño de cuatro años: *¿Siempre vas a ser mi mamá? ¿Cuándo vamos a ver otra vez a papá? ¿Estaremos juntos para siempre?*

Lo abracé con fuerza y le susurré: "Escucha. Sólo hay una cosa que necesitas saber. Emme, tú y yo y siempre vamos a estar juntos, sin importar lo demás, ¿de acuerdo? Sin importar lo demás".

Max me miró con sus grandes ojos castaños y me dijo: "Está bien", como si eso fuera todo lo que necesitara. Lo arropé con la manta y se relajó en mis brazos. Nunca me había sentido más feliz que en ese momento, porque sabía que era cierto.

QUINTO ACTO

HAGAMOS RUIDO

Me siento agradecida por las experiencias

difíciles en mi vida. Me enseñaron algunas de

mis lecciones más valiosas. Pero no puedo

dejar que las experiencias negativas acechen

mis recuerdos y me produzcan

remordimientos.

Es hora de sacar lo bueno de lo malo y dejar el

resto atrás.

Tomo todo lo positivo y sigo adelante.

BABY I LOVE U!
(TRANSICIÓN DE VIDEO)

EN ESTE PUNTO del concierto, había, lo que llamamos, una transición de video. Estas las usamos para hacer cambios rápidos, pero si se hacen bien, pueden llegar a ser increíblemente bellas y ayudan a enfatizar el mensaje del espectáculo. Una vez más, Parris Goebel hizo la coreografía. Se basaba en una pieza que había hecho para Etta James, de la cual me había enamorado, la razón por la cual la había contratado, de hecho. Le pedí que hiciera algo similar con "Baby I Love U!", una canción que había escrito muchos años atrás para mi álbum *This Is Me...Then*. Le encantó la idea. Quisimos mostrar el florecimiento de un nuevo tipo de amor romántico. Era un tema hermoso y emotivo, dos personas sentadas juntas en un banco, conociéndose, descubriéndose, y dándose cuenta de que han encontrado algo especial. Era amoroso sin ser agobiante; era dulce y fuerte a la vez.

El hecho de crear este espectáculo y repasar todas mis canciones y mi vida de esta manera era como enfrentarme a un espejo. En este punto de la presentación ya habíamos establecido cómo la gente me percibe —el Grand Hollywood—, cómo me veo a mí misma —la sección del Bronx—, quien soy como artista, y mi mensaje acerca del amor, cómo la maternidad cambió por completo mi perspectiva sobre el amor y cómo descubrí que no era lo que pensaba. De hecho, estaba empezando a ver el amor romántico de una forma completamente diferente. Todavía no había encontrado la clave para descubrir el secreto, pero me estaba acercando. Yo estaba en un momento de transición y esta era la transición perfecta para antes del gran final.

. . .

Boy I never thought I could feel the
way I felt when I felt the way you
were feeling me, baby.

—"BABY I LOVE U!"

Era el momento de ser clara conmigo misma.

¿Estaba viviendo la vida que debía vivir?

¿Mis relaciones eran buenas para mí?

¿Acaso me conocía realmente a mí misma?

PUNTO DE QUIEBRE

ACEPTANDO AYUDA

Al mirar hacia atrás y ver la locura que fueron mis relaciones pasadas, era difícil no reconocer que yo necesitaba examinar algo. Durante mi viaje para hacer la promoción de "On the Floor" en Europa, entre las actuaciones y entrevistas, traté a toda costa de entender lo que me estaba sucediendo. Llamé a mi amiga Leah, necesitaba hablar. Con todo lo que estaba pasando, le dije que nunca me había sentido en un punto tan bajo en mi vida. Ella me preguntó por qué.

—Siento como si estuviera haciendo y aceptando cosas que no quiero —le dije—. No quiero que esta sea mi vida. Me siento muy mal.

—Aunque en el pasado las cosas habían estado mal, nunca antes había sentido este nivel de ansiedad. No sabía cómo manejarlo.

—¡Eso es genial! —exclamó Leah.

No esperaba esa respuesta.

—¿Qué se supone que significa eso? —le pregunté.

—Que estás tocando fondo —dijo—. Ya sabes, Jennifer, tienes que tocar fondo antes de hacer un cambio, y por fin está sucediendo.

No dije nada. ¿Era cierto? ¿Era eso lo que estaba experimentando?

—¿Quieres ayuda? —me preguntó.

—Sí —le dije.

Tenía que encontrar una salida en medio de todo esto, y no sabía cómo hacerlo sola. Tenía que encontrar la fortaleza para hacer un cambio, pero no tenía esa fortaleza en mí, y tampoco sabía dónde podía encontrarla. Y esa era una situación muy aterradora, me sentía desorientada. Me sentía impotente y con miedo.

Leah me ayudó a buscar un terapeuta, y durante ese período, mientras trabajaba muy duro en la promoción de "On the Floor", que se estaba convirtiendo rápidamente en mi canción más exitosa, yo estaba trabajando aún más duro por fuera del escenario, discutiendo, analizando, haciendo ejercicios, todo lo que tenía que hacer para entender las vueltas que había dado mi vida.

Acostumbro aprender bastante rápido, y luego de constatar que era necesario hacer un cambio, empecé a reconocer de inmediato mis propios patrones. Una de las compresiones más importantes que tuve fue que los problemas que estaba teniendo con Marc no tenían que ver con él. Tampoco tenían que ver con nadie más. Tenían que ver conmigo. Y había *un montón* de problemas. Uno, descubrí que tenía la autoestima baja, algo que nunca se me hubiera ocurrido. Dos, trabajé en aprender lo que significa la integridad, lo cual produciría un gran cambio, pero más tarde hablaré de eso. Y tres, el bombillo más grande que se encendió durante esas dos semanas fue que me di cuenta de que no estaba reconociendo el valor de mi amor.

Al analizar paso a paso las relaciones que se remontaban incluso a la escuela secundaria, comprendí que nunca me había detenido a pensar en lo especial que era *mi* amor. Nunca me había detenido para mirarme a mí misma y decir: *¿Sabes qué? Eres sincera, generosa, amorosa, y leal... Te mereces* *un amor que sea tan puro, bueno y especial como el que tú estás dando.* Mi amor tiene valor. YO TENGO VALOR.

Un segundo, espera un momento. ¿Tengo valor? ¿Mi amor tiene valor? GUAU.

Algunas veces, especialmente las mujeres, no nos sentimos cómodas dándonos crédito por eso. Somos desinteresadas de la mejor manera. Pero eso también puede ser peligroso. Necesitas sentirte cómoda con afirmando la grandeza de quien eres como pareja, esposa, madre y persona. Eres genial. Lo que tienes para ofrecer es genial. Cuando das tu tiempo, tu amor y tu respeto, entonces también mereces respeto. Mereces estar con alguien que te consuele, alguien que sea honesto, mereces sentirte segura. En eso es que deben consistir las relaciones: deben ser un lugar donde te sientes bien, ¿cierto?

Cuando das tu tiempo,

tu amor y tu respeto,

entonces también

mereces respeto.

Mereces estar con

alguien que te consuele,

alguien que sea honesto,

mereces sentirte segura.

Entonces ahora, lo que estoy pensando es: quédense con los anillos de diamantes, los Bentleys, las palomas, los viajes a Europa... ¡todo! Puedo comprar todas esas cosas por mis propios medios. Dame tu tiempo, tu honestidad, tu respeto, tu amabilidad, tu paciencia, tu fidelidad. Dame consuelo cuando las cosas se pongan difíciles... Ser yo, ser famosa, no significa que no necesite esas cosas como cualquier otra chica. No importaba si mis parejas eran famosas o no; siempre sucedía lo mismo. Yo daba la impresión de ser una chica fuerte y autosuficiente, y en lugar de expresar y pedir el tipo de amor que merezco, siempre quería aparecer como si todo estuviera bien. De hecho, pensaba que estaba bien. Y ellos también. Pero no era verdad. Sólo porque eres una chica fuerte no quiere decir que no quieras sentirte amada y cuidada como cualquier otra persona. Y no importa en dónde estés en el mundo, si eres rico o pobre, famoso o desconocido, todos necesitamos ser amados de la mejor forma. Eso es lo que importa. Al descubrir mi propio valor, por fin estaba descubriendo que eso era lo que me merecía.

ACEPTANDO LA GRANDEZA

Recuerdo una vez cuando estaba filmando una película y había terminado una buena toma y empecé a sentir un poco de ansiedad. No entendía por qué me estaba sintiendo así hasta más tarde, cuando mi profesora de actuación, que estaba en el set conmigo, percibió y diagnosticó el problema con rapidez: "Tienes miedo de tu propia grandeza", me dijo. En ese momento, yo no sabía de qué diablos estaba hablando, pero ahora, pensando en el pasado, entiendo lo que me quería decir. Yo nunca había tenido esa sensación. Realmente nunca había creído que era grande, que era buena para actuar o para cualquier otra cosa. Nunca había pensado en mí misma de esa manera. No era lo suficientemente consciente como para considerarlo. Nunca me detuve a darme crédito y decir: "Jen, eres increíble, lo estás haciendo increíble". Nunca se me ocurrió eso. Siempre estaba trabajando, luchando y corriendo. Es decir, sabía que lo estaba haciendo bien. Yo sabía que era una buena persona. Pero, ¿grande? Sólo estaba tratando de ser tan buena como pudiera.

Marianne Williamson tiene una cita maravillosa que dice:

Nuestro miedo más profundo no es que seamos inadecuados. Nuestro miedo más profundo es que somos poderosos sin medida. Es nuestra luz, y no nuestra oscuridad, lo que más nos asusta. [Pero] cuando permitimos que nuestra luz brille, inconscientemente damos permiso a otras personas para que hagan lo mismo.

Finalmente estaba reconociendo un patrón muy poco saludable en el que había estado atrapada durante muchos años. Siempre estaba buscando que la otra persona me dijera que yo era genial para poderme sentir bien conmigo misma. Yo vivía para eso. Quería su aprobación. Peor aún, si no me la daba, me esforzaba aún más para demostrarle que me la merecía. Trataba de arreglar las cosas y de hacer que mejoraran, buscando esa validación. Siempre había pensado que la razón por la que no funcionaban las cosas tenía que ser porque *yo* estaba haciendo algo mal. Así que sin importar cómo me trataran o lo que hiciera la otra persona en nuestra relación, lo único que me importaba era obtener su aprobación. De hecho, esto se convertía muchas veces en el pegamento que mantenía estas relaciones andando.

En última instancia, el amor que no me estaba dando a mí misma, trataba de obenerlo de los demás.

En última instancia,

el amor que no me estaba

dando a mí misma,

trataba de obtenerlo de

los demás.

Estaba tan concentrada en hacer todo lo posible para hacer feliz al otro, para que la otra persona me amara, para hacerle creer que yo era genial, porque, en el fondo, realmente no creía que lo *fuera*.

Pero *¿por qué?*

No soy psicóloga, pero creo que parte de esto tiene que ver con mi crianza. Como la hija del medio, siempre trataba de ser perfecta en todo lo que hacía con el fin de conseguir atención. Fui atleta de velocidad, practiqué gimnasia y gané muchos trofeos y medallas porque quería el reconocimiento de mis padres —y de todos los demás, para el caso—, quería que pensaran que yo era especial, ¡que era genial! Siempre intenté ser la más amorosa, la más dulce, la que mejor se portaba. Y cuando todo el mundo me felicitaba, en mi mente eso quería decir que lo estaba haciendo muy bien. La sensación no venía de mi interior, sino de otras personas.

Este proceso de pensamiento se convirtió en una parte de mí. Automáticamente me sentía mejor si alguien más me decía que lo estaba haciendo bien. El hecho de que mi sentido de la autoestima dependiera de la validación de otra persona terminó yendo en detrimento de mis relaciones.

Por otro lado, ese mismo defecto resultó ser una fuerza impulsora muy positiva en mi carrera. Fue lo que alimentó esa cualidad para dar todo de mí que he tenido en los demás aspectos de mi vida. Siempre me esfuerzo para alcanzar la perfección y trato de llegar a la cima. Pero esta es un arma de doble filo en una relación afectiva, porque el valor y la aceptación que pueden hacerte sentir muy bien, también te pueden hacer sentir muy mal cuando estos aspectos son manipulados o simplemente no están presentes.

Al comprender esto, entendí que había un desequilibrio y que tenía que trabajar para creer en mí y en mi propia grandeza con el fin de escoger a la persona adecuada y tomar las decisiones correctas para mí. La hija del medio en mí estaba regresando al punto de partida. Aunque solía sentir que tenía que correr más rápido que los demás, y ser más perfecta que todo el mundo mientras buscaba la aprobación de todos, ahora estaba entendiendo por fin que mi valor no tenía nada que ver con el número de medallas que hubiera ganado... quizás ser yo misma era suficiente para ser amada. No me estaba dando ningún crédito.

Ahora sabía que tenía que hacerlo.

Porque no puedes esperar que te traten genial si antes no estás convencida de que *eres* genial.

Baby I need you, need you, I gotta
have you
I gotta have you baby, can't be
without you

—"BABY I LOVE U!"

AFRONTANDO LA REALIDAD

Nunca darme por vencida, luchar para que las cosas funcionen e insistir hasta que así sea, son cosas que están en mi ADN. Había permanecido demasiado tiempo en casi todas mis relaciones, sabiendo muy en el fondo que debería haberme marchado desde mucho tiempo atrás. Esto había sucedido tantas veces, una y otra vez, de formas que eran muy similares. ¿Por qué no había visto esto antes? No lo sé, pero ahora que lo veía, sabía que nunca más iba a pasarlo por alto.

El primer paso para la recuperación es reconocer el problema, ¿verdad? En este viaje, por fin vi esto con claridad y por primera vez.

El último día de nuestro viaje promocional por Europa estábamos en Londres. Tuve una sesión de fotos en la mañana antes de ir al aeropuerto. Apenas terminó, pensé en la realidad de volver a casa. Me sentía diferente. Volví a mi habitación del hotel y me acosté en la cama, sollozando incontrolablemente y sintiendo que no podía contener más mis sentimientos. Lloré y lloré. Era como una descarga emocional, como si estuviera purgando todo el dolor y la decepción de mi organismo, dando lugar a algo nuevo. A algo más fuerte.

Era uno de esos días grises y lluviosos que son tan comunes en Londres, y mientras iba al aeropuerto, recuerdo haber mirado por la ventana y pensado que la vida era triste, deseando no tener que lidiar con eso, esperando encontrar una manera de salir de la situación en la que estaba. Sentía miedo de volver a casa. En el fondo, la peleadora en mí todavía quería hacer que las cosas funcionaran y mejoraran, pero la realidad era que yo sabía que las cosas ya no podían ser iguales.

Porque no puedes

esperar que te traten

genial si antes no estás

convencida de que

eres genial.

En el transcurso de las semanas anteriores, incluso en los meses anteriores, mi autoestima y confianza en mí misma habían ido aumentando poco a poco. Nunca me había dado cuenta de que tenía un problema. Y una de las cosas más importantes en las que trabajé mientras estuve en Europa fue en comprender y en aprender realmente la definición de la integridad.

La integridad es tu propio indicador de lo que es correcto para ti.

La integridad no es un concepto autónomo, como acostumbramos creer. Tú decides lo que significa para ti. Si piensas que no es aceptable que alguien te hable en malos términos y permites que esto suceda, entonces estás comprometiendo tu propia integridad. En otras palabras, es como una traición a ti misma. Y ahora que me estaba haciendo consciente de esto, no podía permitir que ciertas cosas continuaran por más tiempo. Sería como comprometer mi propia integridad. Si yo no cuidaba de mí misma, ¿entonces quién iba a hacerlo?

Pocos días después de volver a casa, estaba en el desierto para la sesión de fotos de L'Oréal, y mi cerebro aceptó finalmente lo que mi corazón ya sabía. Yo había cambiado. No se trataba de otra persona, sino de mí. Sabía que mis relaciones ya nunca serían iguales.

Le pregunté a mi mamá si podía quedarse más tiempo conmigo. "Te necesito", le dije. "Marc y yo nos vamos a divorciar". Ella ya sabía que algo estaba sucediendo porque Marc no había estado en casa desde nuestro regreso de Europa. Ella aceptó, y al día siguiente le pedí a Marc —que se estaba quedando en casa de un amigo— que viniera para hablar.

Nos sentamos juntos y le dije:

—Esto no está funcionando. Tú sabes que no está funcionando. No estamos viviendo como una familia, y no veo cómo puedan cambiar las cosas. —Él estuvo de acuerdo, entonces continué—: Ninguno de los dos está feliz, y los niños se preguntan qué está pasando. Creo que debemos seguir adelante con nuestras vidas.

Por doloroso que fuera, Marc parecía saber que lo que le estaba diciendo era cierto. En el fondo, yo todavía quería que él diera la batalla por nuestra familia. Quería que me dijera: "No, no voy a dejar que suceda eso".

Contuve la respiración.

Sin embargo, dijo:

—Está bien —y luego añadió—: Quiero que sepas que siempre estaré aquí para ti si alguna vez necesitas algo.

Comencé a llorar.

La única otra cosa que recuerdo es cuando se levantó para irse y me dio un abrazo. Salió por la puerta y me giré hacia la ventana, pero todavía podía ver su reflejo en el cristal. Se había detenido en la puerta. Permaneció un momento allí y luego hizo una especie de broma. Me di vuelta para expresar algo, pero no me podía reír, pues me sentía sobrepasada por las circunstancias, demasiado triste y abrumada como para darle una respuesta. En ese instante vi cómo le cambió la cara, porque sabía que lo único que siempre había podido hacer era hacerme reír.

El 15 de julio de 2011, hicimos público el anuncio de que nos íbamos a divorciar. El día más duro de mi vida.

DEJÁNDOLO IR

Los días posteriores a nuestro anuncio fueron terribles. Yo sabía que había hecho lo correcto, pero de todos modos me sentía muy triste; nuestro matrimonio había fracasado. Y como había señalado el propio Marc, no había nada que yo detestara más que un fracaso. Me alegré de que mi mamá estuviera conmigo para que la casa no se sintiera tan vacía, pero me sentía sola cuando me despertaba todas las mañanas. Lamenté la pérdida de este sueño que había tenido desde que era joven. Anhelaba una hermosa familia y un marido con el cual envejecer. Yo había estado tan cerca de alcanzar este sueño que era traumático pensar en que ahora iba a tener que dejarlo ir.

A medida que continuaba luchando con las consecuencias de nuestra decisión, empecé a pensar que todavía me faltaba algo. Sí, había hecho terapia, logrado comprensiones importantes, y tomado medidas para hacer lo correcto para mis hijos y para mí. Pero eso no era suficiente. Había algo más que necesitaba buscar, algo que debía aprender.

Saqué algunos de mis viejos libros, los que me han ayudado en momentos de necesidad. Al principio busqué cosas para poder llegar a la hora siguiente, al día siguiente... Y entonces decidí volver a leer uno de mis libros de inspiración favoritos: *Usted puede sanar su vida*, de Louise Hay, el cual dice que puedes crear tu propia realidad y tu propio destino mediante el poder de tus pensamientos positivos. Ese mensaje —que tienes el poder de cambiar cómo te sientes, de mejorar tu propia vida— siempre me ha parecido muy reconfortante, por lo que empecé a leerlo de nuevo.

Unas semanas después de la separación, yo tenía programado rodar la película *What to Expect When You're Expecting*, y no sabía muy bien cómo podría hacerlo. El trabajo puede ser fantástico para dejar de pensar en ciertas cosas, pero yo todavía estaba pasando por muchas dificultades. No sabía si sería capaz de concentrarme. Pero los horarios son los horarios y no tuve más remedio que tratar de dar lo mejor de mí. Cuando estás grabando una película, muchas veces tienes que levantarte muy temprano en la mañana. Todos los días tenía que salir a grabar a las seis de la mañana, por lo general después de una noche agitada en la que dormía poco y me sentía muy deprimida. Había días en que llegaba a que me maquillaran y me arreglaran el pelo, y mientras Mary empezaba a hacerlo —como siempre lo ha hecho— yo decía: "¡Uf, me siento rara!". Sentía como si tuviera algo atorado en la garganta, o apretándome el pecho. Me preguntaba si tal vez me estaba enfermando, pero luego, una vez más, las lágrimas empezaban a brotar de repente y yo sabía que eran todas esas emociones intentando salir.

El dolor emocional es un sentimiento muy extraño. Puedes olvidar que lo sientes —o tratas de todos modos— y luego se cuela y encuentra la forma de salir a la superficie. Me daba lástima con Mary, porque constantemente me ponía hielo en los ojos para reducir la hinchazón. Y tanto ella como Lorenzo, mi peluquero, eran muy dulces, y siempre me decían: "Es normal. Ya saldrás de esto". Me dejaban llorar un rato mientras hacían su trabajo y luego me iba a rodar la escena que tuviera que hacer.

A veces llevaba libros al set, y de vez en cuando, Mary, Lorenzo y yo leíamos algunas frases. Terminé por pensar: *Me gustaría que Louise Hay estuviera aquí conmigo, enseñándome a lidiar con todo esto.* Era una idea tonta que se debía a mi situación desesperada. Pero cuando le dije cómo me sentía a Debbi, mi asistente ejecutiva de hace mucho tiempo, mi gran amiga y confidente, su respuesta fue:

—Bueno, ¿y por qué no la llamamos? Tal vez pueda venir.

Miré a Debbi como si hubiera perdido la razón.

—¿Qué? —exclamé—. ¿Decirle que venga aquí?

Y Debbi dijo:

—Sí. Llamémosla y veamos. ¡Lo peor que puede pasar es que nos diga que no!

Debbi la llamó, y para mi gran sorpresa, Louise Hay dijo que le encantaría venir.

Guau... bien... ¡Louise Hay iba a venir a casa!

UNA COMPRENSIÓN

En las portadas de sus libros, Louise Hay se ve joven y llena de energía, pero cuando llegó a mi casa, me sorprendí al ver que estaba en una silla de rue-das. Actualmente tiene alrededor de ochenta y cinco años, y aunque ya no es tan ágil como solía ser, todavía tiene una energía increíble. Me evaluó por espacio de un minuto y luego fue directo al grano, tal como tiende a hacerlo la gente de cierta edad, claridad y sabiduría. (Me encanta eso. No hay tiempo que perder, estoy con prisa. Me encanta estar con gente así).

—¿Por qué estoy aquí, Jennifer? —me preguntó.

—No lo sé —le dije con sinceridad—. Yo sólo... Tus libros siempre me han ayudado a lo largo de los años... y ahora estoy pasando por un divorcio... —me sentía un poco cohibida, sin saber cómo explicar por qué le había pedido que viniera a Los Ángeles desde su casa cerca de San Diego—. Simplemente... No sé qué hacer.

—Me imaginé que se trataba de eso —dijo y me miró fijamente—. Cuéntame un poco sobre lo que está pasando.

Empecé a hablar acerca de lo que había sucedido y de lo que sentía al respecto.

—Bueno, no pareces enojada —dijo.

Lo pensé un segundo y le dije:

—No, no estoy enojada. Estoy triste.

—Cuando un matrimonio se desmorona, la gente tiende a sentirse enojada —dijo—. Así que es muy bueno que no lo estés. Ahora, cuéntame más sobre lo que sientes.

Y entonces lo hice. Le hablé de mis relaciones anteriores y le dije que yo quería que todo estuviera bien para mis hijos... creo que le dije toda la verdad, sin ocultar nada. Y cuando terminé, ella volvió a hablar.

—Eres bailarina, ¿verdad? —me preguntó—. Cuando estás aprendiendo un baile, si te equivocas en un paso, no te castigas, te enojas o te odias por eso, ¿verdad?

Negué con la cabeza.

—Simplemente sigues adelante y lo haces de nuevo —dijo—. Bueno, eso es lo que tienes que hacer también en esta situación. Aún no has logrado que las cosas estén bien, pero tienes que seguir adelante con el baile. Y no te rindas mientras lo haces.

Apenas dijo esto, comprendí lo mucho que me había estado castigando a mí misma; me había sentido molesta y decepcionada conmigo misma por haber pasado por tres matrimonios fallidos y por haber

arrastrado a mis hijos a esta situación. Me culpaba a mí misma cuando no lograba que las cosas funcionaran.

—El miedo, la culpa y la vergüenza son inútiles y destructivas —dijo—. Lo que pasó, pasó. Sigue haciendo lo mejor posible y harás bien los pasos.

No podía haberlo dicho con mayor claridad: ¡*Dance again!* ¡Baila de nuevo!

Pero lo que dijo a continuación fue lo que realmente me hizo entender cómo eran las cosas.

—Sabes, cuando empecé a hacer mi trabajo, oía a la gente describir sus problemas y luego trataba de encontrar la manera de solucionarlos —dijo—. A veces las cosas funcionaban, y otras veces no. Algunas personas estaban pasando por divorcios difíciles. Otras tenían trastornos alimenticios o eran adictas a las drogas, etcétera, etcétera. Los problemas eran muchos y variados. Y yo trataba siempre de buscar la solución para cada uno de ellos —me miró y sonrió—. Pero finalmente comprendí que todos esos asuntos no eran en realidad lo que importaba. En la raíz de todo había un mismo problema básico. Si pudiera enseñarle a la gente a *amarse* a sí misma, entonces terminaría solucionando sus problemas por su cuenta.

Algo hizo clic en mí en el instante en que dijo eso. Cada vez que había oído la frase "amarse a sí mismo", nunca la había entendido realmente. Sentí que ya lo estaba haciendo. Yo pensaba: *¡Por supuesto que me amo a mí misma! Me gusta cómo soy. Trabajo duro.* Era sólo una frase para mí, y no algo que supiera cómo hacer realmente.

Después de todo, ¿qué es amarte a ti mismo? Nadie nos enseña lo que eso significa, pero ahora he descubierto que es la clave de la vida, porque es la clave para amar a otra persona y dejar que otros te amen. Sin ese amor por dentro, estamos perdidos. Para decirlo en términos más prácticos, tienes que cuidarte a ti mismo, a tu cuerpo, a tu mente, a tu alma; ser tu propio guardián. Puedes dar, amar, y hacer todo tipo de cosas para que una relación sea perfecta, pero si no piensas que eres genial, si no te amas a ti misma, serás tratada de una manera inferior a lo que mereces. Tienes que tomar buenas decisiones por ti misma y tratarte bien. Acuéstate y lee un libro que te guste, o balancéate en un columpio, o come sano... lo que sea que te ayude a sentirte bien. Y esto incluye no dejar que la gente te trate de una manera que no te guste. Porque cuando te amas a ti misma, no permites que eso suceda. *Eso es* amarte a ti misma.

Qué epifanía.

Tienes que cuidarte a ti

misma, a tu cuerpo,

a tu mente, a tu alma;

ser tu propio guardián.

Ahora, cuando lo entendí —cuando el interruptor se activó— me sentí emocionada. Esta es la mayor revelación que he tenido.

—Sí... sí —le dije—. ¡Eso es muy importante! ¿Y sabes qué? Cuando somos pequeños, no aprendemos eso de nuestros padres, en la escuela, ni en ningún lugar —y entonces entré directamente en modo de "productora"—: Louise, deberíamos hacer un programa infantil, o tal vez un programa de televisión como el de Barney, pero no como Barney, porque es cursi, pero algo así. Donde un personaje cante acerca de amarte a ti mismo... o... ¡lo que sea! ¿Quieres que trabajemos juntas en esto? ¡Podríamos hacer que sucediera algo maravilloso! ¡Podríamos enseñarle a todo el mundo a amarse a sí mismo!

Louise sonrió y dijo:

—Bueno, Jennifer, más despacio. Antes de poder enseñarle a alguien, primero tienes que aprender a hacerlo tú misma.

Le devolví la sonrisa. Ella tenía razón.

En las semanas siguientes, trabajé muy duro en la interiorización de lo que había aprendido. Todas las noches, me daba un baño caliente y escuchaba un disco de afirmaciones y pensaba en las que me había dado Louise. Luego, cuando me iba a la cama, lo escuchaba hasta que me quedaba dormida. Una y otra vez me decía a mí misma: "Te quiero, Jennifer, de verdad te quiero. Mereces el amor, esta situación es más fácil de lo que pensaba. Mis bebés y yo vivimos una vida feliz y saludable, llena de amor". En algún lugar muy profundo, empecé a creer que el mañana sería más fácil que el ahora y que las cosas seguirían mejorando. Y, finalmente, así sucedió.

No sólo estaba comprendiendo, pero estaba sintiendo cómo me iba llenando de amor y apreciación por mí misma. Yo sola estaba superando todo esto y el amor que estaba sintiendo dentro de mí, no necesitaba que me lo diera nadie más. *Esto lo cambia todo,* pensé. *Mi felicidad no depende de nadie más que a mí.* Mierda. Dios mío. Todo eso que escuchas decir acerca del amor es verdad, todo lo que necesitas está dentro de ti. El amor y la felicidad vienen de adentro. Ya no eran sólo palabras. Ahora podía sentirlo. Por primera vez en mucho tiempo me sentía en paz. No había nada que buscar o nada que esperar de nadie más. Yo misma estoy completa. Yo misma tengo todo el amor que necesito.

Estoy bien. Mierda... ¡Estaba trabajando y el trabajo estaba funcionando!

Semana tras semana, mes tras mes, comencé a sentirme más fuerte y más feliz.

Cuando Louise me visitó, todavía estaba llorando mucho, pero algunas semanas después, un día noté que todavía no había llorado. Miré el reloj, y vi que eran casi las cuatro de la tarde. Sentí que era una victoria.

such a strong feeling
There comes a time in everyone's
life
when you know that everyone
around you knows
That everything has changed,
you're not the same
It's a new day.

—"BABY I LOVE U!"

Recuerdo haber tenido una conversación con mi hermana Lynda varios meses antes.

—Jen —me dijo—, siempre has sido el guardián de los demás. Me has cuidado a mí. Has cuidado a mamá, a papá y a tus niños... pero, ¿cuándo te vas a cuidar a ti misma? ¿Cuándo vas a ser tu propio guardián?

En ese momento y en medio de toda la confusión, le dije: "No sé". Pero varias semanas después, por fin tenía una respuesta: ahora y siempre.

Me había encontrado a mí misma y regocijado en este amor propio nuevo y tentativo. Mis seres queridos me rodearon, dándome fuerzas y esperanzas con cada abrazo y palabra amable. Yo estaba sanando y aprendiendo a aceptar su cariñoso apoyo en este nuevo viaje lleno de aventura y de alegría.

LET'S GET LOUD

RECORDANDO CÓMO VIVIR

El letrero de neón gigante que está encima del escenario dice Club Babalú, y los bailarines están vestidos para ir a un típico club nocturno cubano de los años cuarenta. Los hombres llevan trajes negros ajustados de mangas con volantes, camisas de esmoquin blancas y relucientes fajas fucsia. Las mujeres llevan leotardos negros con mangas largas brillantes y tacones de punta, envueltas en plumas de avestruz de color rosado. El comienzo del show era en blanco y negro, el Gran Hollywood clásico... pero ha llegado el momento para el colorido, ruidoso y electrizante final latino.

Salgo del piso del escenario, vestida con un traje negro, camisa blanca y pañuelo de color rosa, con un sombrero de cinta en la cabeza... porque no soy la bailarina de un club, oh no. Soy el líder de la banda. Soy Ricky Ricardo, soy Xavier Cugat: soy la que va a dirigir este espectáculo, y lo hago con un solo de conga. Suena "¡Uno! ¡Dos! ¡Tres! ¡Cuatro!" y se oyen las primeras notas de "Let's Get Loud". Es el momento de celebrar la vida. Y todo el lugar está lleno de gente saltando arriba y abajo, bailando y cantando a todo pulmón.

¡A festejar!

Let the music make
you free, be what
you wanna be
Make no excuses,
you gotta do it,
you gotta do it
your way

—"LET'S GET LOUD"

La parte "Let's Get Loud" del espectáculo consistía en gritarle al mundo ¡que hay que

vivir la vida! Estar triste y lamentarse es vivir en el pasado. Estamos aquí, en este instante, y vamos a vivir la vida.

En los meses que siguieron a la separación, me encontré preguntándome: *¿Qué hice durante todos esos años? ¿Dónde estaba la chica que amaba el baile y no pensaba tanto, que se permitía disfrutar del viaje y los pasos del camino?* Me había perdido a mí misma en la búsqueda de la relación y de la vida perfecta, y en realidad no estaba disfrutando de la vida. Volver a estar en contacto con esa parte —con la bailarina que hay en mí— era la forma de reconectarme con el poder de mi propia verdad.

Y eso significaba volver a estar en contacto con mis raíces. Soy puertorriqueña, soy latina, y sí, represento todo esto. Entonces sabía que quería terminar el show de Dance Again con una gran fiesta latina. Es la música de mi crianza, de mi familia. Es quien soy.

Esa era la idea detrás de esta última sección, y cuando empecé a mirar mis éxitos con sabor latino, todos ellos encajaban a la perfección: "Let's Get Loud", "Papi", "On the Floor", todas canciones que animan a la gente a bailar. Éxitos de baile de alta energía impregnados de sabor latino. Fue divertido para mí ver cómo mis canciones iban encajando perfectamente en cada sección del show. La verdad es que todas expresan lo que soy o lo que he sido, en ciertas épocas, por lo que tal vez no sea tan sorprendente después de todo. Liz Imperio estaba haciendo la coreografía de la sección "Let's Get Loud", y le dije: "Quiero que sea muy exótico y muy sexy. Y quiero que sea *grande*". Siempre me han gustado los musicales — cuando era niña creo que mi mamá me llevó a ver todos los musicales que existen en la humanidad— y me encantaba el sentido del espectáculo. Quería que esta sección fuera roja y rosa, vibrante y fuerte, y añadí también un baile de salsa al final de "Let's Get Loud". Quería que el público se sintiera como si estuvieran de repente en este club increíble en La Habana, en los años cuarenta o cincuenta, con todas las bailarinas y todos los ritmos de esa época.

Pero también quería un pequeño giro... Las chicas siempre están con trajes atractivos, bailando para los chicos, ¿verdad? Bueno, yo quería que los chicos fueran el atractivo de *mi* Club Babalú. Teníamos ocho bailarines increíbles, cada uno con la cabeza rapada y unos abdominales de acero, y durante esta sección, todos se quitaron las camisas y se las lanzaron al público. Eran muy sexys, al igual que nuestras bailarinas, y sin importar quién fueras o qué te gustara, en ese escenario había algo para ti.

Lo curioso era que dos de nuestros chicos se sintieron un poco incómodos con esta parte, pero no porque no quisieran ser sexys y estar sin camisa, sino porque nunca habían bailado salsa. Ambos eran unos bailarines increíbles, pero el baile latino es un poco diferente, y ellos se sentían nerviosos. Así que Liz vino al rescate, les puso trompetas en las manos para la canción "Let's Get Loud", para que al menos no tuvieran que preocuparse por qué hacer con sus manos. Solo tenían que hacer el paso básico de salsa y se verían increíbles, lo cual no fue ningún problema.

Esa es la magia de tener una gran coreógrafa cuando estás creando un espectáculo como este: Liz entendía las fortalezas y las limitaciones de todos los bailarines y trabajaba con ellos para asegurarse de que sus presentaciones fueran perfectas. Al final de la canción, yo quería que todo el mundo captara el espíritu; como una especie de renacimiento cubano, con todo el mundo revoloteando alrededor, bailando hasta el cansancio. Liz hizo que esto sucediera y lo hizo tan bien que el público también captó el espíritu. Todo fue una locura de la mejor clase.

LAS RAÍCES Y LAS RAMAS

En ese año tan loco antes de la gira, cumplí años nueve días después de anunciar nuestro divorcio. Fue un momento particularmente difícil,

porque mientras estuve casada siempre hacíamos algo grande para nuestros cumpleaños y ahora, por primera vez en siete años, lo iba a pasar sola.

Traté de ser fuerte como si todo estuviera bien, pero por dentro seguía luchando. Me parecía extraño planear una fiesta en esta ocasión, así que no lo hice. Decidí ir a Miami, un lugar al que me gusta ir cada vez que me siento triste. Nací en julio, soy una bebé del sol y Miami es tan soleado y calientito que me hace sentir segura y feliz. Es como envolverse en una toalla caliente recién salida de la secadora. Allí filmé una de mis primeras películas —*Blood and Wine*, con Jack Nicholson— y recuerdo que me gustó

mucho esa ciudad y pensé: *Un día voy a vivir aquí, en una casa al lado del mar.* Desde entonces, Miami ha ocupado un lugar especial en mi corazón.

Viajé con Max y Emme, pensando que estaría con Ana y que tal vez daría un paseo en barco en mi cumpleaños. Algo discreto, como correspondía a mi estado de ánimo en ese momento. Yo sabía que estaba haciendo lo correcto pues esta decisión había sido un paso positivo para mí, un reconocimiento tardío de que merecía algo mejor. Pero aún así fue un momento muy triste y confuso en mi vida. El divorcio nunca es fácil, incluso si es lo que debes hacer, y me sentía muy perdida.

Entonces, llegué a Miami y alquilamos un barco para pasear durante el día. Pero cuando llegamos a la marina... ¡todo un grupo de amigos estaban allí para darme una sorpresa! Mi mamá y mi hermana Lynda, mis primas Tiana y Darcy, Tania, Benny, Mary y Lorenzo, mi amigo Shawn B., etcétera, etcétera; estaban todas las personas más cercanas a mí, y habían venido para darme su apoyo cuando más lo necesitaba. Me sentí abrumada; muy conmovida y feliz, y muy emocionada de celebrar con toda esa gente que se preocupaba por mí.

Y vaya si celebramos. Pasamos todo el día en el barco: nada más que agua y sol, buena comida y buenas bebidas y, por supuesto, buena música y baile. Pusimos la música tan fuerte que probablemente se podía oír hasta en Cuba, y bailamos en la cubierta hasta que el sol empezó a ponerse. Bailé con todo el mundo, incluyendo a Max y a Emme; alguien grabó un video maravilloso con su teléfono donde yo le estoy dando vueltas a Emme en el aire, las dos sonriendo y riendo.

Yo había pensado que este día iba a ser muy triste, pero en cambio, fue como un nuevo comienzo. Estar en Miami con todos mis amigos, bailando alrededor del mar bello y espumoso, me ayudó a creer de verdad que las cosas iban a salir bien. No importaba lo que hubiera pasado, yo tenía a mis amigos, a mi familia, a mis hijos... Aún no había resuelto todas mis cosas y tenía un largo camino por delante, pero yo iba a estar bien.

Todos estábamos en la cubierta, mirando el sol comenzando a ponerse, cuando alguien sacó el pastel del cumpleaños. Todo el mundo cantó, apagué las velas y Benny alzó su copa. ¡Era hora de un brindis Benny! Dijo que este día marcaba un punto de quiebre para mí y que él y el resto de mis amigos estarían ahí para ayudarme en el camino.

Fue un hermoso brindis —como siempre lo son— y cuando fui a abrazar a Benny, caí en sus brazos, hundiendo mi cabeza en su hombro. Benny me sostuvo, susurrando en mi oído que yo iba a estar bien. Lo único que pude hacer fue asentir con la cabeza.

Y luego, en un momento hermoso, todo el mundo se reunió y pasó sus brazos alrededor de Benny y de mí, en un abrazo gigante. Era como si pudiera sentir las raíces y las ramas de mi sistema de apoyo allí, protegiéndome y haciéndome sentir segura. Todas estas personas estaban ahí para mí en ese momento, y siempre habían estado ahí para mí. Y yo sabía que siempre lo estarían y que no podría sucederme nada que fuera demasiado terrible mientras los tuviera en mi vida.

*Turn the music up to hear that
sound, let's get loud, let's get
loud
Ain't nobody gotta tell ya, what you
gotta do*

—"LET'S GET LOUD"

Al día siguiente, antes de que Max, Emme y yo fuéramos al aeropuerto para regresar a Los Ángeles, Ana pasó para despedirse. Me había traído algo.

A Ana le gusta comprarme libros de autoayuda que me recuerdan cuidarme a mí misma. (De hecho, fue ella quien me regaló mi primer libro de Louise Hay). Me dio un libro y me dijo:

—Te he comprado este libro de meditación. Tienes una gran cantidad de emociones que están sucediendo en tu vida en este momento y esto te ayudará a aprender cómo superarlas.

Y luego me dio otra cosa: dos pequeños ángeles de cerámica.

—Este es Max, y esta es Emme —me dijo—. Cuando estés trabajando, ponlos donde puedas verlos y recuerda que tienes a dos angelitos en tu vida. —Los recibí y asentí.

Tenía otra cosa que decirme.

—Ora por Marc —dijo—, y enséñales a los niños a orar por Marc. Tenemos que orar por todo el mundo, y todos ustedes necesitan sanar.

Ana y yo estábamos sentadas en la cama con las piernas cruzadas, y la tomé de las manos, nuestros ojos llenos de emoción, y pensé: *Esta es la magia de la amistad. Tus amigos lloran tus pérdidas contigo, porque las viven contigo. La verdad es que no importa la soledad que puedas llegar a sentir, nunca tendrás que pasar por algo a solas.* Así como dijo Benny en su brindis aquella Navidad, tú puedes escoger a tu familia. Todo el que sea parte de esa familia te acompaña en tus pruebas y dificultades.

Tus amigos lloran

tus pérdidas contigo,

porque las viven contigo.

La verdad es que no

importa la soledad que

puedas llegar a sentir,

nunca tendrás que pasar

por algo a solas.

Y si tienes suerte, como yo, esos amigos siempre estarán dispuestos a hacerte una fiesta para recordártelo.

REAJUSTANDO MIS SUEÑOS

Una de las cosas más difíciles acerca de divorciarse es aprender a dejar ir el sueño que tenías. Porque estar casado tiene que ver con la planificación del futuro, con la esperanza de pasar tu vida con alguien y tratar de hacer que las cosas funcionen. Mi sueño era tener esta familia para siempre, envejecer juntos y ver a nuestros hijos crecer y tener sus propios hijos. Era un sueño hermoso, y fue muy difícil olvidarlo cuando llegó el momento. Entonces, terminas pensando: *¿Qué hago ahora?*

Curiosamente, Nancy Meyers me dio una respuesta. Ella escribió y dirigió la película *Something's Gotta Give*, protagonizada por Diane Keaton. Erica Barry, el personaje principal, es una soltera cincuentona que tiene una hermosa casa en los Hamptons y una hija adulta. Las dos tienen una relación maravillosa y cercana, y aunque Erica Barry está sola, parece tener una vida fantástica.

Debo haber visto la película unas diez veces después de mi separación. Yo me sentaba en mi casa, soñando con comprar una casa bonita como la de Erica Barry en los Hamptons y con crear mi propia vida de ensueño de *Something's Gotta Give*. Max y Emme serían unos adultos increíbles y vendrían a visitarme, y yo terminaría siendo el tipo de mujer que no tiene absolutamente ningún problema con dormir sola en la mitad de la cama. Dios le agradezca a Nancy Meyers, porque esa visión me ayudó a superar algunas noches muy duras.

Nancy Meyers me ayudó a imaginar mi vida de ensueño, pero otra mujer me ayudó a superar esas semanas difíciles en la vida real: mi mamá.

Mi madre lo dejó todo y permaneció conmigo después de la separación. Siempre estaba ahí cuando la necesitaba y lo único con lo que yo podía contar era que ella siempre encontraba una manera de hacerme reír. No es tan buena para hablar de cosas serias, o de las partes más íntimas de una relación, y eso me vuelve loca a veces, pero te hace reír hasta que te orinas en los pantalones. En ese sentido, ella y Marc son muy parecidos.

Mamá todavía estaba con nosotros en la casa, ayudándome con Max y Emme, cuando tuve que viajar a Ucrania para hacer un show poco después

del divorcio. En medio de toda la agitación, de los vuelos tan largos y de tanto ajetreo, decidí que era mejor dejar a los niños en casa. Sólo iba a estar un par de días por fuera, y sabía que un viaje tan largo y tan rápido no les haría bien.

Le pregunté a mi mamá si podía ayudar a cuidarlos mientras yo me iba. Y me dijo de inmediato:

—No quiero que vayas sola. ¡Iré contigo! Deja que Tiana cuide a los bebés —fruncí el ceño, y ella me dijo—: Oye... ¡Nunca he estado en Ucrania! ¡Quiero ir! Me voy contigo.

Me acordé que la había pasado muy bien con ella en París, cuando expresó su amor maternal al perseguir a los paparazzi con una pistola de agua, y le dije:

—Está bien, mamá. Iremos juntas.

Y dos días más tarde, estábamos en un largo vuelo a Ucrania: mi mamá, Benny, su asistente y yo.

Benny y yo estábamos juntos en la parte trasera del avión, hablando de todo lo que había sucedido en las últimas semanas. Aún estaba tratando de arreglar todo lo del divorcio; las finanzas, nuestra casa, los niños, y todos los proyectos en los que habíamos trabajado juntos. Todo era tan complicado que me alegré del vuelo tan largo y de poder relajarme un momento, hablando de todo con Benny.

Estábamos enfrascados en nuestra conversación cuando mi mamá llegó cojeando por el pasillo y me dijo:

—Jen, me siento rara.

—¿Qué te pasa? —le pregunté. Se veía pálida y un poco sudorosa.

—No me siento bien —dijo—. Creo que me voy a desmayar.

Y ¡plop! Se cayó en el pasillo del avión.

—¡Dios mío! —grité—.¡Ma! ¡Ma! —Fui a la parte delantera del avión y dije—: ¿Qué pasó? ¿Tomó algo?

La asistente respondió:

—Se tomó una pastilla para dormir...

Y, obviamente, mi mamá también estaba tomando medicamentos para el dolor de rodillas, pues hacía poco la habían operado. Se desmayó por haber mezclado medicamentos.

Los miembros de la tripulación trajeron una máscara de oxígeno y trataron de ponérsela mientras mi mamá permanecía desorientada. Le dije:

—¡Ma! ¿Qué estás haciendo? ¡Se supone que tienes que cuidarme! —Ella no respondió, y empezó a parpadear con fuerza. Me acerqué más y le dije—: Te juro por Dios que si te mueres en este momento, te mato. ¿Me oyes?

Y comencé a reírme con nerviosismo, convenciéndome de que todo iba a estar bien, porque ¿qué otra cosa podía hacer? Era reírme o desmoronarme por completo.

La tripulación estaba discutiendo si tendríamos que hacer un aterrizaje de emergencia, pero cuando mi mamá me oyó amenazarla de muerte, hizo exactamente lo que yo esperaba: se echó a reír.

—Lo siento, cariño —dijo, aún medio aturdida, riendo débilmente bajo la máscara de oxígeno. Nos miramos mutuamente y negué con la cabeza. Finalmente, ella se sintió mejor, aunque tuvimos que llevarla a un hospital después de aterrizar, donde le aplicaron suero. Me burlé de ella por ser una gran "ayuda" para mí en el viaje. Pero la verdad es que lo fue. Incluso cuando se estaba desmayando y recibiendo suero, yo me sentía muy feliz de tener a mi madre conmigo, siempre apoyándome y haciéndome reír.

Cuando regresé a la segunda temporada de *American Idol,* me sentí muy feliz de estar de nuevo con mi familia de trabajo después de un verano tan difícil.

Era septiembre cuando empezamos a rodar las audiciones, y no puedo recordar la primera ciudad que visitamos, pero sí recuerdo haber visto a Randy, a Steven, a Ryan y a Nigel por primera vez ese día. Siempre hacíamos sesiones de planificación antes de hacer las audiciones reales, por lo general había una mesa grande, comida y café, y todo el mundo hablaba sobre la grabación de ese día.

Entré y me senté, y todos los chicos se sentaron. Obviamente, ellos sabían del divorcio y empezaron a preguntarme de inmediato: "¿Cómo estás?", y "¿Te sientes bien?". Les dije que sí, y entonces alguien comentó: "¿Qué pasó? ¡Ninguno de nosotros esperaba esto!".

Era cierto. Marc y yo éramos muy hábiles para ocultar los problemas que habíamos tenido en los últimos años y poner la mejor cara. Pensé por un segundo, y luego les dije:

—Ya saben, era algo que se veía venir. Realmente tratamos de hacer que funcionara.

No quería entrar en muchos detalles, pero traté de explicar un poco lo que había sucedido. Y Steven, en particular, fue muy sincero al respecto. Yo sabía que estaba muy triste luego de divorciarse de su esposa, con quien estuvo casado muchos años, porque cada vez que hablaba de eso, inmediatamente se le aguaban los ojos. Me cogió la mano y me la apretó, y ni siquiera tuvimos que decirnos nada. Lo expresamos todo simplemente con mirarnos mutuamente.

Entonces, mientras yo observaba alrededor, cada uno de ellos me miraba con una preocupación muy dulce en sus ojos. Les dije:

—Marc era mi chico, ¿saben? Pensé que era mi chico.

Nadie dijo una palabra, hasta que Nigel dijo finalmente con su adorable acento británico:

—Está bien, cariño. No tenemos que hablar de esto —él sabía que las cosas se estaban volviendo demasiado trascendentales, y pronto tendríamos que estar frente a las cámaras—. Concentrémonos —dijo, dando una palmada—. Estamos listos.

Se levantó de la mesa y se dirigió al set de grabación, y todos lo seguimos.

Me fui al set como si todo estuviera bien, y empezamos a hacer la audición; fue un día normal, como de costumbre. Lo pasé escuchando, riendo, pensando, siendo emotiva, haciendo lo mío, viviendo el momento. Entonces miré a un lado, donde Nigel estaba sentado. Nuestros ojos se encontraron, y él me dijo moviendo la boca: "Te quiero". Le respondí: "Yo también te quiero". Él me entendió, y valoró el hecho de que yo estuviera allí, haciendo mi trabajo, a pesar de todo por lo que estaba pasando.

Así eran siempre las cosas en *American Idol*, porque *estos* eran mis chicos, las personas que me apoyaban, apreciaban y respetaban. Hacer ese programa parecía envolverme en un manto de seguridad...

Lo cual es, de un modo extraño, la razón por la que fue tan importante abandonar el programa. De hecho, cuando lo hice, me pareció tan importante como haber renunciado a mi matrimonio.

ENFRENTANDO EL DESAFÍO

Acababa de empezar el Dance Again tour cuando Benny me dijo que yo tenía que tomar una decisión acerca de hacer una tercera temporada de *American Idol*.

El año anterior, había logrado dos de las cosas más difíciles que he hecho. La primera fue decidirme a seguir adelante. La segunda fue decidir hacer la gira mundial. Le había temido a todo: temor a fracasar, temor a que la gente me criticara... Lo había dudado tanto cuando Benny estaba empezando a hacer toda la planeación de la gira, porque no lograba convencerme de que todo el riesgo valdría la pena.

Y entonces comprendí algo. Comprendí que si no creía en mí, nadie lo haría tampoco. ¿A qué le temía tanto? ¿Qué era lo peor que podía pasarme? Fuera lo que fuese, no podía ser peor que el simple hecho de estar demasiado asustada como para no hacer absolutamente nada. Si no hacía esta gira, probablemente me arrepentiría por el resto de mi vida. Así que finalmente me decidí a dar el salto y a creer en mí.

Llevábamos sólo una semana de gira cuando Benny me dijo: "Tenemos que hablar de *Idol*". Mi segunda temporada había sido tan buena como la primera, y los productores querían que yo volviera. Era muy tentador, y por las mismas razones por las que lo había hecho en un principio.

Y, sin embargo... todos los eventos del año anterior me habían cambiado de una manera que apenas estaba comenzando a entender. Cuando tomas decisiones difíciles, cuando sigues a tu corazón a lugares que te aterrorizan, ya no es posible elegir simplemente el camino fácil. Mi vida estaba en transición, y era una transición que yo había elegido. Tenía que seguirla hasta el final.

Así que cuando Benny me preguntó: "¿Qué quieres hacer? ¿Qué te haría feliz?", comprendí que sólo podía darle una respuesta. Me encantaba estar en *Idol*, pero ya era hora de seguir adelante. Pasar un tercer año consecutivo sentada en un panel, juzgando a otros cantantes, especialmente si la razón principal por la que lo hacía era por la seguridad que representaba esto, ya no tenía sentido para mí.

La ironía es que estar dos temporadas en *American Idol* fue precisamente lo que me dio fuerzas para comprender que tenía que volver a hacer las otras cosas que hago. Fue la chispa que me hizo valorarme más a mí misma, a respetarme como persona y como artista. Y ahora tenía que utilizar ese respeto recién descubierto para deshacerme del manto de seguridad. Yo sabía que era lo correcto, pero aún así era muy duro.

Estábamos en el tour en algún lugar de Sudamérica, cuando llamé a Ryan Seacrest para darle la noticia.

—Oye —dije—, estoy muy agradecida con todos ustedes por todo, pero he decidido que no voy a volver el año que viene.

Yo estaba muy emotiva y Ryan también. Me dijo que le gustaría que siguiera en el programa, y le respondí que una parte de mí realmente quería hacerlo, pero que no podía en ese momento.

—Me siento como si estuviéramos rompiendo —dijo.

—Yo también —respondí—. Este programa ha significado mucho para mí. Gracias, y lo siento.

Escasamente pude colgar el teléfono antes de sentirme abrumada por las emociones.

Benny pasó su brazo a mi alrededor y me preguntó con suavidad:

—¿Estás bien?

Cuando tomas
decisiones difíciles,
cuando sigues a tu
corazón a lugares
que te aterrorizan,
ya no es posible elegir
simplemente el
camino fácil.

—Sí —le dije—. Es que es muy difícil hacer esto. —De alguna manera, alejarme de *Idol* fue algo que asocié con alejarme de Marc; me parecía como el acto final de una obra teatral, la conclusión inevitable y emotiva.

Benny entendió.

—Estar en el programa te dio fuerzas para alejarte de otras cosas —dijo —. Es como si estuvieras dejando atrás todo un período de tu vida.

Sólo un año antes, hubiera sido muy fácil para mí seguir en ambas situaciones; en mi matrimonio y en el programa. Había muchas razones para permanecer en ambas y la idea de renunciar a una de ellas me llenaba de miedo. Pero ahora había confrontado ese miedo. No había permitido que dominara mi vida y mis decisiones. Por doloroso que fue en ese momento, supe que en última instancia sería mejor para mi vida, tanto a nivel personal y como artista. Y ya sabes lo que dicen por ahí, libera algo, y si vuelve a ti, es porque estaba destinado a ser así.

Lo más sorprendente fue que esto ocurrió cuando yo estaba empezando el Dance Again Tour: la gira cuyo mensaje era volver a vivir, volver a amar y volver a bailar, tomar riesgos y lanzarte al mundo.

Cuando decidí abandonar *Idol*, estaba poniendo eso en práctica, viviéndolo realmente. Una vez pasado el shock inicial, sentí como si me hubieran quitado un peso de encima. Como si estuviera debajo del agua, sin aire, y finalmente hubiera suficiente peso para poder flotar en la superficie... sólo para encontrar ese glorioso momento cuando, de repente, tu cabeza asoma a través de la superficie del agua, y hay aire y sol, y puedes volver a respirar.

Así que, cuando subía al escenario en una ciudad tras otra y le decía a la gente: "Tienen que amarse a sí mismos", realmente lo sentía. Porque por fin lo estaba viviendo.

EL FINAL PERFECTO

"¡Enciendan las luces!", gritaba yo apenas terminaba "Let's Get Loud". "¡Déjenme ver a todo el mundo!". Y no importaba en qué ciudad o país estuviéramos, me encantaba ver a todas esas chicas del público.

"Veo un montón de mujeres hermosas esta noche!", decía yo. "¡Que salgan todas mis chicas! ¡Déjenme escucharlas!". Señalaba al público con el micrófono, y todas las mujeres gritaban.

En muchos de los lugares que nos presentamos, las mujeres no tienen una voz tan fuerte como los hombres, por lo que esta parte del espectáculo era siempre una de mis favoritas. Era como una competencia. Las mujeres gritaban y brincaban, y yo gritaba: "¿Dónde están mis papis?". Y los hombres rugían.

Caminaba de un lado para el otro: "¿Dónde están mis mujeres...? ¡Papis, déjenme escucharlos!". Y me encantaba escuchar la forma en que las mujeres se desataban. Siempre eran más ruidosas que los hombres, y en sus gritos y alaridos yo sentía como si estuvieran gritando: *Estamos aquí. No tenemos miedo. ¡Y van a escucharnos!* A veces hacía esto cinco o seis veces, hablando con todo el mundo, invitándolos a desatarse.

Entonces les decía: "Hicimos un montón de canciones para las chicas esta noche... Y, mujeres, a pesar de que ustedes han ganado —obviamente— vamos a hacer una canción para los papis. Pero estén atentas, porque hay algo muy especial para ustedes". Y empezábamos la canción "Papi", que parecía ser para los chicos, pero que en realidad era para las chicas. En un instante, los bailarines se quitaban sus camisetas de J.Lo y las lanzaban al público para que las mujeres se las llevaran a casa. Era un pequeño recuerdo de mí para mis chicas, para recordarles que esa noche, ellas estaban al mando. Y luego, para la última canción de la noche, un final explosivo: el mayor éxito de todos: "On the Floor".

Dance the night away
Live your life and stay young on the floor!

—"ON THE FLOOR"

Empecé "On the Floor", cantando a cappella en español una versión lenta del coro: *Llorando se fue y me dejó sola sin su amor...* Era una especie de recordatorio del lugar donde había empezado todo este viaje, en sentido literal y figurado. Todas las noches recordaba todo lo que había pasado y lo lejos que había llegado durante este último año. Había temido tanto a embarcarme en este viaje, sin embargo estaba llegando a su fin y me sentía más fuerte que nunca. Mi voz había crecido, yo había crecido. Había cambiado muchísimo. Ya no cantaba como antes; el miedo había desaparecido y era aún mejor que cuando había empezado. Encontré mi voz y me encontré a mí misma. El viaje había terminado. Repetía de nuevo la frase del coro, sosteniendo la última nota tanto como podía, como un símbolo de la nueva fuerza que había encontrado en mí misma. El público gritaba en señal de agradecimiento, y apenas sonaban los primeros acordes de "On the Floor" en el estadio, se desataba un verdadero infierno. Estábamos a punto de volar el techo. Un trono se elevaba desde suelo, un momento para sentarme (¡gracias a Dios, después de dos horas me lo merecía!), mientras que la estrofa de Pitbull tronaba por los parlantes. Dos de los bailarines me traían una bata de seda negra con un hermoso collar de boa con plumas mientras bajaba las escaleras, cantando la primera estrofa de la canción. En el instante en que cantábamos el coro de nuevo, las veinte mil personas saltaban arriba y abajo al unísono, con los puños en el aire, cantando:

Laaa lalalalalala lalalalala la la laaaa
Tonight we gonna be it on the floor...

Era el final perfecto, un clímax eufórico, un momento de verdadero abandono en el que celebrábamos la vida al máximo.

La multitud deliraba con esto. El espectáculo terminaba... pero había una canción más, la repetición, la canción que lo unía todo...

¡OTRA!

Mi sueño como artista es compartir mis experiencias de una manera que le llegue a la gente.

"Dance Again" me permitió crear algo bello a partir de las cenizas del dolor.

Este es mi momento.

DANCE AGAIN

BUSCANDO ESE AMOR

En octubre de 2011, apenas tres meses después de que Marc y yo anunciáramos nuestra separación, yo tenía programado hacer un espectáculo de una hora en el casino Mohegan Sun en Connecticut, seis meses antes del comienzo de la gira Dance Again. Todavía no había nada organizado para la gira así que tuvimos que crear un espectáculo desde ceros.

Íbamos a tener que armarlo con rapidez y una vez tuvimos todo listo, sobraba tiempo para una canción más. Decidí que quería incluir una de mis nuevas canciones, que tal vez la gente no conocía muy bien, pero que hablaba de la situación de la que todo el mundo estaba hablando: mi divorcio. No había salido mucho desde nuestro anuncio oficial, y la gente sentía una curiosidad natural: *¿Cómo estará? ¿Va a hablar de eso? ¿Está bien?* Decidí que les daría algo para satisfacer su curiosidad.

La canción, "One Love", de un álbum apropiadamente titulado *LOVE?*, era una canción que yo había escrito, esta vez con la ayuda de Anesha y Antea, dos compositoras que contribuyeron muchísimo al álbum. Se trataba de la búsqueda de una mujer por ese amor único y verdadero. Cuando la escribimos, las estrofas eran muy autobiográficas y describían en detalle algunas de mis relaciones pasadas. Es una canción muy íntima y personal, y cuando empezamos a trabajar en la coreografía, decidí: *Qué demonios. Voy a contarlo todo.* Así que trabajamos una puesta en escena de la canción en la que aparecieran todas las personas en mi vida y mis amores pasados, uno por uno.

Is there one love, only once in a lifetime?
It's so hard to find, the perfect one to call mine.

—"ONE LOVE"

Pero la noche del show, la timidez se apoderó de mí.

—Esto es demasiado —le dije a Benny—. Me sentiré muy expuesta si muestro todo esto. Es demasiado pronto. —Le dije que no quería incluir la canción.

—Escucha —me dijo—. Tú eres la que siempre dices que ser artista consiste en desnudar tu alma, en ser introspectiva y hacerte vulnerable. Por lo tanto, si te sientes vulnerable ahora, entonces creo que estamos haciendo bien las cosas.

—Lo sé. Lo sé —dije—, pero me siento muy incómoda haciendo esto ahora, ¿me entiendes?

Benny se mantuvo firme y utilizó mis propios argumentos en contra mía. Le encantaba el tema y la declaración que estaba haciendo. Y por mucho que yo no quería admitirlo, sabía que él tenía razón. Todas esas hermosas palabras acerca de lo que significa ser una artista eran sólo palabras a menos que las pusiera en práctica. Así que lo hice.

Y fue así como salió todo...

Yo estaba de pie en el escenario, con una túnica blanca, y canté la primera estrofa de "One Love":

Took a shot with the bad boy from the block
Picked my love right from the start,
Mister Wrong, he plays his part.

A mi derecha había un hombre con lentes oscuros y un traje gris, y una mujer con el famoso vestido verde de Versace: Puffy y yo. Estas imágenes fueron proyectadas en una pantalla gigante que había arriba, así que nadie podía dejar de verlas. Seguí cantando:

Back to the beginning, now round two,
Try my luck with something new
We danced until we said "I do,"
My luck is bad, no more us, two, no me and you

Obviamente, se trataba de Cris y yo. A mi izquierda había un hombre con la cabeza rapada, proponiéndosele de rodillas a una mujer. Ella tenía el pelo recogido en trenzas y vestía una camisa de J.Lo, del video "Love Don't Cost a Thing", recordando la parte famosa en la que bailamos juntos. Esta es la siguiente estrofa:

It's take three, could there be a part for me?
Came and swept me off my feet
Went nowhere but kept the ring,
Once again, I'm lonely

Y a mi derecha, un actor alto y guapo, con una mujer que llevaba un vestido de color verde menta, el pelo recogido en un moño, tal como me vestí para ir a los Oscar con Ben... Y, por último:

Number four, you sang to me but I'm not sure
So worn out but loved you so
Made me wanna try once more
and I couldn't say no

A mi izquierda, un hombre apuesto cantaba en un micrófono mientras yo bailaba a su alrededor en un vestido corto y brillante del mismo modo que Marc y yo habíamos bailado en la final de *American Idol* tan sólo unos pocos meses atrás.

Is there one love?
Somebody that complements me
And makes me wanna never leave
Made just right for me
Is there one love, one love, one love, one love... ?

Cuando la canción terminó, yo había visto a mis cuatro grandes amores destellar ante mis ojos. Miré a los bailarines interpretándonos a Marc y a mí, y todo parecía surrealista. Permanecí allí, mirando esa imagen. Mientras cantaba la última frase *"Is there one love?"* me di vuelta, miré al público y permanecí inmóvil, mirando por encima de ellos un momento que me pareció una eternidad... Ellos sentían todo lo que estaba sintiendo yo, y yo los sentía a ellos. Estábamos compartiendo un momento real. Es una de esas cosas que suceden en el escenario cuando realmente te conectas con el público.

No sabía qué decir. No tenía palabras. Lo único que pude hacer fue levantar las manos y encogerme de hombros. En ese momento, el lugar se desató. Los gritos del público pasaron de los aplausos por mi presentación a un cálido abrazo de amor. Podía oír a la gente gritar: "¡Te queremos, Jennifer!", "¡Mantén la cabeza en alto!" y "¡Todo va a estar bien!". Me sentí muy emocionada. Las lágrimas comenzaron a brotar de mis ojos. Era como si me dijeran que entendían que yo era una chica como cualquier otra, tratando de hacer que las cosas salieran bien. En ese momento, pensé: *A pesar de lo que diga la prensa sensacionalista o de las imágenes que quieran crear otras personas, puedo salir al escenario y mostrarle a la gente quién soy realmente.* Fue un momento bello y poderoso para mí.

Meses más tarde, cuando estaba planeando la gira mundial, comprendí que nunca más podría interpretar esa canción. Era un tema de una sola ocasión, perfecto para ese momento, y nunca sería tan especial como lo fue esa noche. Esa canción hablaba de mi pasado. Ya todo había terminado y yo estaba mirando hacia el futuro.

RECONSTRUCCIÓN

En los primeros meses después de la separación, yo no estaba buscando una nueva relación, ¿cómo podría hacerlo? Tenía que resolver mis cosas y averiguar por qué repetía el mismo patrón una y otra vez cuando estaba con alguien. Me sentía triste, herida y confundida. Pero una parte de mí también se sentía más fuerte, como si por fin hubiera dado un paso

para respetarme a mí misma. Estuve un tiempo deprimida, pero cuando empecé de nuevo con proyectos que me regresaron al mundo de la música y el baile y estábamos en plena pre-producción de la gira, comencé a pasar más tiempo con Beau.

Durante todo ese otoño y en el Año Nuevo, a medida que nos adentrábamos más y más en el corazón del show, empecé a sanar mi herida y comencé a tener la certeza de que podía haber algo después de todo lo ocurrido, algo donde yo pudiera *bailar de nuevo*.

Desde un comienzo siempre que tropezaba o me sentía insegura, Beau me decía: "Tú puedes manejar esto. Puedes hacerlo". Pero iba aún más lejos y me decía: "Tú no me necesitas. No necesitas a Benny. No necesitas a tu mamá. No necesitas a Marc. Siempre vas a estar bien".

Comprendí que anteriormente, mis relaciones siempre estaban impregnadas de miedo: *¿Esto durará para siempre? ¿Él querrá estar conmigo? ¿Funcionará esto?* Pero ahora ya no me preocupa el futuro. Mi idea del siempre ha sido destrozada. Ahora, sólo quiero ser feliz. Quiero vivir el momento y aprender a ser feliz.

AMAR EL VIAJE

Todos estábamos cansados unas tres semanas antes del final del tour. Nos encantaba hacer el show, pero todos los viajes, las habitaciones de hotel, los cambios de zona horaria y estar lejos de casa tuvo su efecto en todos. Hacer un espectáculo con tanta energía, noche tras noche tras noche, significaba que todos nos sentíamos cansados y agotados. Y yo sabía que cuando la gira terminara, no extrañaría empacar y desempacar tantas veces, arreglar a mis hijos antes de abordar autobuses y aviones a las tres de la mañana, despertándonos y preguntándonos en qué país estábamos...

Pero una noche, cuando estaba en el vestuario antes de subir al escenario, se me vino un pensamiento a la cabeza: *Estás a punto de hacer feliz a mucha gente esta noche.* ¿De dónde había salido ese pensamiento? No tenía ni idea, pero hizo que el corazón se me llenara de alegría. Y comprendí que iba a extrañar el tour cuando terminara.

Cuando decidí hacer esta gira, yo estaba todavía en mi punto más bajo luego del divorcio. Me parecía que las cosas habían salido mal en mi vida, y este espectáculo iba a ser mi esfuerzo para hacer que algo saliera bien, aplicando las experiencias que había vivido y la decisión de aprender de aquellos tiempos difíciles en lugar de huir de ellos.

Mi único trabajo consistía en subir allí y hacer feliz a la gente todas las noches, ayudarlos a saltar y bailar y cantar, hacer que sus vidas fueran un poco mejores. ¡Qué bendición! Durante varios años, había tenido miedo de hacer una gran gira como ésta, pero cuando terminó, sentí que me había curado. Mi intención original había sido compartir este mensaje con el mundo, esto que había aprendido sobre amarte a ti mismo y superar la adversidad. Quería decir: *Vivirás. Amarás. Volverás a bailar. Ámate. Love Yourself.* Nunca lo esperaba, pero acabé viviendo mi propia afirmación cada una de esas noches. La vida es increíble en ese sentido. Cuando envías cosas al universo, terminan volviendo a ti.

RECUPERÁNDOME

Hacer todos esos espectáculos y ser acogida por la multitud, fue un proceso catártico que me ayudó a sanar. Benny también notaba esto, así que un día hacia el final de la gira, me hizo una sugerencia que él sabía que yo no habría sido capaz de considerar incluso un par de semanas atrás.

Eran los últimos días de la gira y habíamos estado hablando de lo que podríamos hacer para que el último concierto en Puerto Rico fuera muy especial. En ese punto, ya habíamos hecho más de setenta y cinco conciertos, y él y yo queríamos terminar con una verdadera explosión.

—¿Qué te parece si invitamos a Marc para que interprete una canción contigo en el último concierto —me preguntó.

Por un momento me quedé sin palabras. Mi mente voló en dos direcciones opuestas: el lado profesional de mí sabía que hacer una actuación con Marc, que es una leyenda viva en Puerto Rico, sería increíble. La gente se enloquecería, sobre todo si lo manteníamos en secreto hasta que él subiera al escenario.

La vida es increíble en ese sentido. Cuando envías cosas al universo, terminan volviendo a ti.

Pensé si hacer esto sería como darle el centro de atención a Marc al final de *American Idol*, dejando que él tuviera un momento que debía ser mío. ¿Estaba cayendo en el mismo patrón de antes y del cual había tratado de deshacerme durante varios meses? ¿Invitarlo a cantar conmigo sería dar un paso atrás?

Yo ya había aprendido a escucharme. Y cuando estuve tranquila y escuché a mi corazón, realmente no creí que las cosas fueran así. Pedirle a Marc que cantara conmigo en un concierto no equivalía a caer de nuevo en los viejos hábitos. Se trataba de mostrarle al mundo —y de demostrarme a mí misma— que no sólo habíamos superado el dolor, sino que habíamos salido aún más fuertes. Lo hicimos de una forma saludable y lo estábamos haciendo como amigos y como padres de nuestros hijos. Yo creía realmente que proponerle esto a Marc era ir hacia adelante y no hacia atrás.

Me faltaba llamar a Marc. Él es muy exigente cuando decide hacer una presentación y esta actuación tendría ese ingrediente adicional de interés morboso para la gente, así que era muy posible que, inicialmente, me dijera que no.

Lo llamé, y al principio hablamos un rato de los niños. Luego le dije:

—Escucha, a Benny se le ocurrió una idea para el último concierto de mi gira... —Le dije que los dos últimos conciertos serían en Puerto Rico, justo antes de Navidad, y obviamente, de todos modos teníamos que decidir cuándo vería a los niños en esta época... entonces... - Estaba pensando... que podría ser muy hermoso... si... vinieras... y cantaras "No Me Ames" conmigo en estos conciertos. Después podríamos hablar sobre la Navidad. —Él no dijo nada, así que continué—: Sería increíble para el público... Creo que les encantaría vernos juntos, después de saber todo por lo que hemos pasado, y esto podría ser un mensaje fantástico para todo el mundo de que todavía nos apoyamos mutuamente. —Le dije que había sido una época difícil para mí, y sabía que tampoco era fácil para él, pero que podría ser un buen cierre para nosotros.

—Mm... hmm... bien —dijo, y casi podía verlo pensando.

—No diremos que vas a participar; sería una especie de sorpresa para todo el mundo —le dije—. Lo haremos muy bien.

—No es un "no", pero dame un día o dos para pensarlo —me dijo. Me pareció bastante razonable, teniendo en cuenta todo.

Unos días más tarde, me llamó... ¡La respuesta era "sí"! Lo haría.

DONDE ESTAMOS DESTINADOS A ESTAR

Un día antes del show, Marc viajó a Puerto Rico para ensayar con nosotros. Ya había grabado "No Me Ames" conmigo en mi primer disco, así que no necesitamos ensayar mucho para cantar, sólo para la puesta en escena.

Cuando Marc subió al escenario, Max y Emme corrieron hacia él, muy contentos de verlo. Y muchos de los bailarines se acercaron con la disculpa de probar el sonido, porque eran grandes fans de Marc.

En un momento dado, miré a Marc y lo vi sentado con los niños. Estaban muy felices de estar con él, trepándosele encima. En ese momento, la banda comenzó a tocar las primeras notas de "No Me Ames", uno de los primeros temas que Marc y yo hicimos juntos, así que nos recordaba muchas cosas. Lo miré cuando las notas comenzaron a sonar, él me devolvió la mirada y se rió.

—¿Cómo diablos sucedió todo esto? —me preguntó.

Y yo sabía lo que quería decir. Se refería a todo: a todos los giros y vueltas locas que habían dado nuestras vidas desde la primera vez que cantamos juntos. ¿Cómo terminamos grabando esta canción hace tantos años, y cómo no terminamos juntos en ese entonces? Y luego ¿cómo terminamos casados, varios años después, teniendo hijos, y luego divorciándonos?... Y ahora, ¿cómo era que él estaba sentado aquí con los niños, mirándome mientras sonaba de nuevo esta canción? Fue un

momento precioso lleno de momentos agridulces de toda una vida, todos ellos resumidos en esa pregunta.

—No lo sé —le dije. Y nos reímos. Pero fue un momento fuerte, y
creo que todos los que estaban allí pudieron sentirlo. El hecho de que
hubiéramos pasado por muchas cosas, de que yo lo hubiera invitado a
cantar y que él estuviera allí para apoyarme, fue un momento lleno de
todo tipo de emociones. Al igual que la vida.

En la noche del concierto hice algo que rara vez hago: decidí hablarle
al público en español. Soy puertorriqueña pero me crié en Nueva York,
y aunque hablo bien español, no es mi primera lengua. Pero quería hacerlo, para hablar en el idioma de la gente, porque yo quería que esta
noche fuera mágica para todo el mundo:

—Estas son nuestras últimas actuaciones del Dance Again Tour. Esta
gira ha sido un viaje increíble de música y amor. Y ha sido un honor y
un placer terminarla aquí en Puerto Rico, donde hice mi primer concierto hace once años. Y como todos los grandes viajes de amor y de
música, incluso cuando terminan, la música sigue...

La banda tocó las primeras notas de "No Me Ames", y me di vuelta para
mirar el fondo del escenario, donde Marc estaba saliendo lentamente del

suelo. Apenas su rostro se hizo visible, la multitud estalló y se volvió absolutamente loca, todo el mundo gritó tanto que la banda tuvo que dejar de tocar. Fue un caos, la gente gritando, aullando y aplaudiendo... Marc hizo una pequeña reverencia. Y entonces empezamos la canción.

Dime por qué lloras
De felicidad
Y por qué te ahogas,
Por la soledad

Cantar con Marc fue un cierre perfecto y hermoso de esa parte de mi vida. Tal vez las cosas no habían funcionado como yo lo había planeado, pero estaba tan orgullosa de lo que habíamos vivido, especialmente después de toda esa angustia. Fue el final perfecto para esos dos años de

agitación, confusión y tristeza, y en última instancia, de recuperación. Fue el comienzo perfecto para el resto de mi vida.

Cuando terminamos la canción y salimos juntos del escenario, pasé mi brazo alrededor de él, Marc exclamó: "¡Eso es lo que digo yo, carajo!". Estaba tan feliz y emocionado como yo. Me dio un gran abrazo y dijo:

—Si alguna vez necesitas algo…

Nos miramos a los ojos.

—Lo sé —le dije.

Apretó mi mano, sonreímos... y se fue.

Pero, obviamente, el espectáculo no había terminado todavía. Era hora de cambiarme con rapidez y salir, porque había llegado el momento de *bailar de nuevo*.

SIEMPRE RECORDARÉ

El estadio está completamente oscuro. De repente, en la gran pantalla sobre el escenario, aparezco como una mariposa negra, con una máscara negra y el viento soplando a través de mi pelo. Las citas de diferentes entrevistas que he concedido durante el último año aparecen en la pantalla: *Todavía creo en el amor. Sigue siendo mi mayor sueño. Tienes que amarte de verdad para amar a otro;* es la canción que pide el público, la última, el último mensaje. Miro a la multitud y digo: "Recuerda siempre... Vivirás. Amarás. *Bailarás de nuevo*".

La primera vez que se me ocurrió este mantra, estaba haciendo el video de "Dance Again". Quería que la gente de verdad comprendiera lo que la canción significa para mí. Es una declaración de lo que tanto necesitaba en ese momento de mi vida y que sé que otras personas necesitan en momentos difíciles de sus propias vidas. Intenté pensar en la frase perfecta para poner al comienzo del video, una frase sencilla que te pudiera ayudar a superar cualquier momento difícil... Y entonces se me ocurrió: Yo no me iba a morir, iba a sobrevivir. Las cosas iban a mejorar; lo único que yo necesitaba hacer era aguantar. Iba a vivir, iba a amar, e iba a bailar de nuevo... Sólo tenía que recordarlo.

Y entonces eso fue. A fin de cuentas, ese fue el tema que empezó todo. Aquí es donde siempre quisimos terminar. Con esa nota. Con ese mensaje.

Mi rostro desaparece de la pantalla, reemplazado por las palabras: "Ámate. *Love Yourself*".

El reflector ilumina el escenario, y empiezo a cantar.

Only got just one life this I've learned, who cares what they're gonna say?
I wanna dance... and love... and dance... again.

Sí, sigo creyendo en el cuento de hadas, pero quiero amar de la forma adecuada. Quiero el tipo de amor que es verdaderamente posible sólo cuando te amas a ti mismo primero. Este es mi momento favorito de todo el show, el momento en que llegamos al coro de "Dance Again", donde todo el mundo salta hacia arriba y hacia abajo, moviendo los brazos, cantando a todo pulmón, "I want to dance... and love... and dance... again!". En ese momento, la euforia en el estadio es como un renacimiento. Es algo trascendente.

En cada ciudad, cada noche que nos presentamos, este era el momento que me hacía sentir que todo había valido la pena. Todo el dolor, todo el remordimiento, toda la incertidumbre que me había conducido a esto, a compartir estos gritos y saltos, con mis fans sudando, todos gritando juntos esta gran afirmación.

Love...

For me is a journey,

its not a destination.

I remain an

eternal optimist

about love

I want the fairytale,

its still my biggest dream.

You

must love yourself

to truly love another.

Recuerda siempre...

Vivirás. Amarás.

Bailarás de nuevo.

Y luego, por supuesto, cuando llega el momento de bailar, las luces bajan y es el arte imitando a la vida que imita al arte de nuevo... Estoy bailando un baile sexy, fresco y totalmente revitalizante que cada vez que lo hago me recuerda que la vida sigue y la razón por la cual me gusta tanto bailar.

Es la manera perfecta de terminar el show: con un nuevo comienzo.

CONCLUSIÓN

AMOR VERDADERO

SERÍA FÁCIL MIRAR los años previos al divorcio y pensar: *Oh, esta es una historia muy triste. Esto fue muy duro.* Pero no lo siento así. Ahora, cuando miro hacia atrás, siento algo completamente diferente: orgullo. Durante muchos años, cuando estaba en situaciones que eran malas para mí, me daba miedo salir de ellas. Entonces, de alguna manera, encontraba finalmente esa pequeña pizca de amor dentro de mí que decía: "Oye, te mereces algo mejor". Y entonces hice algo al respecto, aunque todo fuera muy asustador.

Estoy orgullosa de que ahora puedo hacer mejores elecciones para mis hijos, y para mí, orgullosa de que por fin, después de cuarenta años, he logrado comprender lo que estaba haciendo mal. Orgullosa de que una vez comprendí que ser simplemente quien soy es suficiente, pude convertirme en una mejor versión de mí misma, como persona y como artista. Al principio, me sentía frustrada de que hubiera tardado tanto tiempo en descubrirlo. Pero luego encontré esta cita de Charlie Chaplin:

> *Cuando empecé a amarme a mí mismo, me liberé de todo lo que no era bueno para mí, la comida, la gente, las cosas, las situaciones, y todo lo que me atraía hacia abajo y lejos de mí. Al principio llamé a esta actitud un egoísmo sano. Ahora la conozco como* amor por sí mismo.

Esa cita es del 16 de abril de 1959, el día en que Charlie Chaplin cumplió setenta años. Así que supongo que en cierto sentido, estoy un paso adelante, ¿verdad?

Y, sin embargo... lo cierto es que sigo siendo un trabajo en progreso. Todavía estoy aprendiendo. Cuando has estado haciendo las cosas de

cierta manera durante toda la vida, no puedes comportarte de un modo diferente de la noche a la mañana. Es algo que requiere tiempo. Tienes que empezar a practicarlo, sigues haciéndolo poco a poco, y con el tiempo se convierte en una segunda naturaleza. Todos nos cuestionamos, dudamos de nuestra propia intuición y nos olvidamos de amarnos a nosotros mismos; especialmente las mujeres.

Las mujeres casi nunca nos damos suficiente crédito por lo que somos capaces de hacer, por lo que aguantamos y por lo generosas que somos. Durante la gira, yo veía a todas esas mujeres hermosas e increíbles en el público, y quería abrazarlas a todas y decirle a cada una: *Eres genial. Confía en ti. Ámate a ti misma.* La emoción era abrumadora en ciertas ocasiones, sobre todo en aquellos países donde las mujeres no son consideradas al mismo nivel que los hombres. Yo quería abrir sus corazones y llenarlos de amor.

Una parte de amarse a sí mismo consiste en perdonarse a sí mismo, algo con lo que siempre he tenido problemas. Ser ambiciosa y perfeccionista significa que he pasado mi vida recriminándome por no ser lo suficientemente buena, o por meter la pata en algo. Tardé mucho tiempo, pero finalmente comprendí que no tendría la mitad de los instintos o ideas que he tenido como artista a través de los años si no hubiera sido

por esos errores. Los momentos complicados de la vida son los que nos hacen humanos, por lo que debemos acogerlos: darnos palmaditas en la espalda por haber pasado por ellos en lugar de estar enojados por haber caído en eso. Porque amarse a sí mismo es en realidad aceptarse a sí mismo de forma absoluta. Y es que uno nunca es una sola cosa. Por ejemplo, cuando se trata de mi música, yo nunca he sido una sola cosa: Puedo hacer un disco que te haga querer sacudir el trasero y bailar toda la noche, y también puedo crear una balada emocional que te hará contemplar la vida y el amor en toda su complejidad. Siempre he sido pop, pero también soy hip-hop. He hecho música R&B, música latina, he hecho baladas... y me siento muy cómoda en cada una de estas categorías. ¿Para qué voy a limitarme? Me doy cuenta de que tienes que ser quien eres, tienes que ser lo más honesto posible y no preocuparte porque te juzguen o te critiquen. Tengo que aceptarlo todo y compartirlo con los demás. Y eso es algo en lo que trabajo todos los días de mi vida.

Aunque todavía me falta mucho camino por recorrer, mi familia y mis amigos me dicen que pueden ver la diferencia. Incluso Benny bromea conmigo si no estoy de acuerdo con él sobre algo, o si defiendo mi postura. Me dice: "Está bien, está bien, lo entiendo. ¡Te estás amando a ti misma!".

A veces hay que explorar

la oscuridad para llegar

a la luz y volver a ser lo

que eres.

Él se burla de mí, pero hay momentos en los que me dice: "Sabes, Jennifer, eres como una persona diferente. Tomas decisiones diferentes; ya no aceptas injusticias". Y tiene razón. Ya no hago eso. Me cuesta menos defenderme y reaccionar si alguien me trata de una manera que no me gusta. Siempre he reaccionado si veo que alguien es maltratado, pero tardé varias décadas para encontrar la manera de defenderme a mí misma.

Pero la verdad es que mucha gente nunca piensa en esto. Todos conocemos a alguien que ha visto destruidas sus esperanzas, sueños y su creencia en el amor porque no podía encontrar la manera de valorarse a sí mismo. "Lo lograste", me dice Benny. "Aunque te dolió mucho mientras lo hacías, de todos modos lo hiciste".

Tal vez mi vida actual no sea como la imaginé, pero eso no significa que no sea maravillosa. Si no fuera por esta gira, por este tiempo, por estos niños, por ese matrimonio, nunca estaría donde estoy ahora, que es el mejor lugar en el que he estado en toda mi vida.

Me reencontré con la Jennifer de siempre. A veces hay que explorar la oscuridad para llegar a la luz y volver a ser lo que eres.

Obviamente, este es el mensaje del Dance Again Tour: podemos sobrevivir a cualquier cosa, si tan sólo seguimos avanzando.

Este camino de la sanación y del redescubrimiento ha sido largo y fue mucho más difícil que cualquier otra cosa que haya hecho en la vida. Me ha llevado a algunos puntos emocionales realmente bajos. Pero la vista desde el otro lado hace que haya valido la pena pasar por tanto dolor.

Tal como me enseñó Louise Hay, hoy sigo bailando. Puede que todavía no conozca todos los pasos, pero estoy bailando con todo mi corazón. Soy la mujer que siempre quise ser, porque por primera vez puedo decir realmente sí, me amo a mí misma. Esa es la clave. Este es el amor más grande de todos, el que más importa, el que me enseñaron Max y Emme.

Ese es el AMOR VERDADERO.

AGRADECIMIENTOS

AL IGUAL QUE el año en el que me fui de gira, escribir este libro ha sido otro viaje increíble, uno que jamás habría podido suceder si no fuera por el amor y el apoyo de muchas personas que me han ayudado a lo largo del camino.

Antes que nada quisiera dar las gracias a mi familia: mamá, papá, Leslie y Lynda, gracias por apoyarme a lo largo de los años y por ser la familia amorosa que siempre han sido. Jamás podría haber llegado a donde estoy sin ustedes. Los quiero tanto. A mis primas Tania, Darci y Tiana y a mi Titi Rose, gracias por estar a mi lado a cada paso del camino.

Gracias a Benny Medina, mi mánager y amigo desde hace quince años, que ha sido mi cómplice en cada aventura en la que me embarco y este libro no fue la excepción. Tus sabios comentarios hicieron que cada página de este libro fuera aún mejor y estoy muy agradecida de tenerte en mi vida.

Gracias a Raymond Garcia, mi editor, por tu dedicación, tu entusiasmo y por haber creído en este libro incluso cuando yo tenía mis dudas. Escribir este libro ha sido una de las experiencias más gratificantes y edificantes de mi vida y jamás lo habría hecho si no fuera por ti. Gracias a Andrea Montejo por su apoyo editorial durante nuestras sesiones de "booking" y por ayudarme a cortar, pegar y reescribir hasta que quedara perfecto. Gracias a todo el equipo de Penguin por haberme ayudado a hacer de este libro una realidad: Jennifer Schuster por tu dirección editorial, Kim Suarez por la edición de fotografías, Matthias por la fotografía de la cubierta, Pauline Neuwirth por el precioso diseño interior y Anthony Ramondo por diseñar la portada.

Gracias a Marc Anthony, Leah, Elaine, Loren, Ana, Kevin y a todos mis amigos cercanos por leer los primeros borradores de este libro y por darme sus valiosos comentarios. Gracias a mi gran amiga Ana Carballosa a quien debemos las preciosas fotografías que dan vida a este libro.

Gracias a mi equipo personal: Debbi Izzard, Day Ryan, mis equipos en casa en Los Ángeles y Nueva York, mi equipo de Nuyorican Production, JLE y Medina Co., Kevin Huvane y todos mis agentes de CAA, mis abogados, mis compañeros de negocios y por supuesto a mis fans... Muchas gracias a todos.

Y por último, gracias a mis preciosos bebés, Max y Emme, por ser la luz de mi vida, la razón por la que hago todo lo que hago y por ser exactamente quienes son. Mamá los quiere mucho.

ACERCA DE LA AUTORA

JENNIFER LOPEZ es una galardonada actriz, cantante, bailarina, dise-
ñadora de modas, productora cinematográfica, filántropa y ahora autora.
Es una de las artistas–presentadoras más influyentes de la historia y es la
orgullosa madre de dos hijos, Max y Emme.